L'Expérience de l'amour

Guide pour (re n')être soi

L'expérience de l'Amour

L'expérience de l'Amour

Ophélie Bouméla

L'EXPERIENCE DE L'AMOUR

** Guide pour (re n')être Soi **

SPIRITRÉALITÉ 1

L'expérience de l'Amour

Copyright © 2024 Ophélie Bouméla

Couverture illustration : Vincent Emazabel

Publié par : Ophélie Bouméla

Tous droits de reproduction, d'adaptation et de traduction, intégrale ou partielle réservés. L'auteur est seul propriétaire des droits du contenu de ce livre.
Toute personne est responsable de ce qu'il comprend. Ce livre ne garantit pas une transformation immédiate ou de quelconques miracles. Ce livre n'est pas non plus un substitut à un éventuel suivi professionnel.

ISBN : 978-2-3224-7872-9

Ecrivez-moi : Ophelie.boumela@gmail.com
Site web : ophelieboumela.wixsite.com/website

Édition : BoD · Books on Demand GmbH, In de Tarpen 42, 22848 Norderstedt (Allemagne)
Impression : Libri Plureos GmbH, Friedensallee 273, 22763 Hamburg (Allemagne)
Dépôt légal : Décembre 2024

A propos de l'auteure

 Fervente amoureuse de la vie et de la nature dont elle ne se lasse pas de sillonner les sentiers, fascinée par la naturelle richesse et diversité qui s'y trouvent. Également pèlerine, en chemin sur le très vaste terrain de la vie, celui jonché d'épreuves, de joies, de barrières, de limites, d'ouvertures, Ophélie Bouméla a récemment expérimenté les limites de son personnage, ce qui lui a permis de se libérer d'encombrements pour aujourd'hui découvrir peu à peu la portée des facultés extra-sensorielles et médiumniques qui l'animent profondément. Grande empathe, sensible aux énergies et à la condition humaine, l'accompagnement thérapeutique énergétique est venu à elle comme une évidence. Aujourd'hui elle a fait le choix d'évoluer et de vivre en toute conscience, tout en accompagnant des personnes sur leur chemin et elle le fait avec passion.

L'expérience de l'Amour

Sommaire

- ➢ **Introduction** 10

- ➢ **Ce en quoi je crois** 14
    1. La vérité du cœur 16
    2. Qui choisit ? 16
    3. Pourquoi est-ce si difficile de choisir
       la voie facile de l'amour ?................. 18
    4. Qui ne suis-je pas ?........................... 20
    5. Qui suis-je ? 21
    6. Une couleur ?.................................... 22
    7. C'est quoi l'amour ?.......................... 23
    8. L'état de grâce 23
    9. Le rôle des émotions 26
    10. Mission de vie.................................. 30
    11. Le rôle du mental 33
    12. Pourquoi ai-je oublié qui je suis ?.... 35

- ➢ **Mon incarnation de l'Amour**
    1. Stratégiquement morte pour ne pas vivre 40
    2. Ma renaissance par le réveil des sens
       et l'ouverture du cœur...................... 45
    3. La découverte du discernement..... 54
    4. L'abandon à ce que je suis avec foi 55
    5. Déconstruire pour pouvoir reconstruire . 61
    6. J'existe... 62
    7. Je suis responsable 63
    8. Le couple sacré 65

9. La séparation 66
10. L'ouverture de conscience............................ 69
11. L'équilibre 70
12. Je ne veux pas grandir 71
13. Le contrat de loyauté 72

➢ Textes canalisés 78

1. Qui suis-je ? Connaissance de soi................ 80
2. Prise de pouvoir 91
3. Espace Cœur 97
4. Incarnation, mission de vie, existence 103
5. Libre choix.. 111
6. Reconnaissance 115
7. Attachement 117
8. Acceptation de soi 120
9. Libération... 122
10. Résilience... 128
11. Unité 129
12. Deuil périnatal 133
13. Point de vue... 135
14. Colère 138
15. Jugement 144
16. Ouverture de conscience 151
17. Détachement 159
18. Détachement de l'égo, responsabilisation........... 162
19. Amour de soi.. 165
20. Pardon 167
21. Début de l'éveil 168
22. Bonheur.. 171
23. Cadeau 174
24. Mensonge de la mort................................ 175
25. Pouvoir des émotions 176

26. Peurs, Mensonges	179
27. Projection	182
28. Guérison	183
29. Croyances	197
30. Mal-être	200
31. Enfant	204
32. Karma	208
33. Pulsion	213
34. Couple sacré	213
35. Où est Dieu ?	221
36. Dons	223
37. Souffrance	225
38. Contrôle	232
39. Pouvoir de création	233
40. Evidence	236
41. Infertile	236
42. Kundalini	237
43. Oser le nouveau	241
44. Rejet	242
45. Médiumnité	243
46. Blocage du passé	244
47. Ombre	247
48. Présence	250
49. Pouvoir de la joie	250
50. Refus du bonheur	253
51. Dépendance	254
52. Acceptation	257
53. Empathie	258
54. Femme sacrée	258
55. Sécurité	263
56. Se respecter, se choisir par amour	264

➢ **Le mot de la fin** **270**

L'expérience de l'Amour

Introduction

Me voici ! Seigneur, fais de moi l'instrument de ta paix !

Voici la narration en ce début d'ouvrage de ce en quoi je crois et la raison pour laquelle nous nous sommes incarnés sur terre.

Vient en second lieu, mon cheminement personnel, celui qui m'a conduite à me donner entièrement au Seigneur, à la vie, à Dieu, à l'univers, à l'amour, au sans nom.... de banals mots jetés comme ça, ces mots si anodins en apparence, moqués pour certains voir vides de sens, vénérés pour d'autres, ou même détestés, bannis, incompréhensibles... et pourtant emplis de sens !

Vous trouverez en dernière partie de cet ouvrage, des textes écrits par inspiration, canalisation. Ils peuvent vous guider dans vos questionnements, peut-être y dénicherez-vous des éléments de réponses aux questions que vous vous posez ou à celles que vous ne vous posez pas encore, des compréhensions sur votre chemin. Ils peuvent être lus, pris au hasard, ou en fonction du thème qui vous appelle. Ils vous parleront de manière différente selon votre état d'être. Ces textes m'ont été inspirés lors de méditations, suite à des rencontres, ou bien simplement en marchant dans la forêt, en état d'être, dans l'écoute de mes sens, reliée aux éléments autour de moi. C'est le niveau du dessus qui parle à travers moi le langage de l'amour.

L'expérience de l'Amour

Je ne prétends aucunement détenir LA vérité. Je parle avec certitude de ma vérité, selon ma propre compréhension, d'après les filtres qui composent ma petite personne.

Ce que je peux affirmer avec certitude c'est qu'il existe autant de vérités que d'êtres en ce monde.

Voici donc, en toute humilité ma version, mon témoignage, d'après mes propres perceptions, expériences, et filtres qui définissent ma couleur unique en ce monde.

En tant que chercheuse de vérité, ma vérité est la suivante et elle est susceptible de changer à chaque instant : Nous sommes tous issus d'une force d'intelligence et d'amour parfaite créatrice qui nous compose et qui se sert de la sensibilité de chacun pour atteindre l'éveil spirituel, la perfection, la félicité, l'accomplissement... Autrement dit l'amour est notre état naturel, habillé d'un personnage construit de toute pièces avec une couleur, des capacités propres à chacun dans le seul but d'embellir le monde, cocréant avec les autres personnages selon leurs particularités uniques. Et ce pour ressentir la joie, dans un corps vivant, de se découvrir créateur par amour.

Chaque être incarné est encombré du voile de l'ignorance par des limites matricielles, un corps humain physique doté d'un égo de peurs, de doutes, de blessures, de limites ne lui permettant pas de se voir tel qu'il est en réalité.

Dans quel but ? Pour vivre plus de 8 milliards de combinaisons différentes de scénarios d'amour multiplié par autant de fois qu'interagissent les plus de 8 milliards d'êtres humains entre eux ! sans compter les éléments naturels bien vivants nous environnants avec lesquels nous interagissons constamment.

Et plus chaque être humain s'allège de ses encombrements, plus sa création est belle et atteint la perfection !

Peut-être donc qu'un jour il ne restera qu'une seule combinaison parfaite d'être humain unique et accompli ?!...fin du jeu...à méditer...

A la question : « Pourquoi vivre ? » je répondrais aujourd'hui sans hésitation que « C'est pour faire l'expérience de l'amour !».

Je ne peux véritablement connaître que ce dont je fais l'expérience dans mon corps, dans mes tripes. Je n'évoquerai ici que ce dont j'ai fait l'expérience et mon interprétation selon mes propres filtres. A mon sens il est possible de croire en tout, il est possible de croire en rien, chacun fait le choix de ses propres croyances selon ce qui l'anime.

J'ai décidé d'un élan de cœur, de vie, de faire ici le récit de mon expérience de l'amour en cet instant, je vais tenter de traduire en mots ce qui m'anime profondément. Ce récit est le fruit de mon expérience. Je me suis incarnée ici-bas seulement et uniquement pour vivre l'expérience de l'amour, à mon sens c'est l'unique sens de l'incarnation sur terre.

Rien d'autre n'a d'intérêt que l'amour. Et toutes les parts de désamours ne servent qu'à mettre en évidence l'amour.

Il est tout à fait possible de donner de multiples sens aux mots. En fonction du degré de conscience de chacun, plusieurs lectures sont donc possibles selon l'instant dans votre parcours où cet ouvrage sera lu. Rien n'est figé, il s'agit là simplement d'un outil utile à ouvrir votre cœur, ou à vous y installer confortablement, re-lisible sous de multiples facettes.

Si vous lisez ce livre c'est que vous êtes prêt à ouvrir le vôtre davantage et à y faire votre nid douillet.

A mon sens, nous sommes tous venus sur terre pour jouer à l'amour.

Je parlerai souvent à la première personne du singulier, voir à la première ou deuxième du pluriel car je ne parle que de moi, mais en fait je ne parle que de vous, je ne parle que de nous. Je parle au féminin car je suis une femme. Certaines expériences se croisent, vous pourrez peut-être parfois vous y reconnaître. Je dis Dieu parfois, c'est une simple habitude mais n'y voyez rien de religieux dans mes propos. Mon seul maître c'est l'Amour.

C'est un livre à ressentir, j'incite le lecteur, au-delà des mots, au-delà des erreurs de syntaxe, à se laisser imprégner doucement de son énergie. Il parle au cœur un langage que la tête ne peut comprendre que si elle s'y soumet.

Bonne lecture, bonne intégration, belle ouverture, belle installation au cœur à vous !

Ce en quoi je crois

L'expérience de l'Amour

1. La vérité du cœur

Il est possible de savoir la direction à prendre dans sa vie sans la raison mentale mais avec la conviction que c'est LE chemin. C'est ce que j'appelle la vérité du cœur. Elle transcende celle du mental, elle est spontanée et hors du temps.

Il existe des milliards de décisions à prendre, de possibilités, et pourtant à chaque instant j'en choisis une. A mon sens le futur n'existe que dans le présent selon les choix que nous faisons à l'instant T. Rien n'est figé, toute notre vie peut changer à chaque instant en fonction des choix que nous faisons.

Je ne vous demande donc pas de me croire sur parole, mais simplement d'expérimenter par vous-même, tout en ayant la conscience qu'il existe parmi la multitude de choix, une voie simple, facile d'accès qui amène véritablement la félicité à qui ose l'emprunter.

2. Qui choisit ?

Les conséquences de chaque expérience vécue dépendront bien de cette question : « qui choisit ? »

Nous sommes des êtres complexes habités par plusieurs parts dont chacune vient s'exprimer lorsqu'elle se sent concernée par les évènements de notre vie.

Il existe la part dépendante des héritages du passé, selon ce qui est engrammé dans notre ADN, ancestrale, familiale, sociétale. La part blessée qui nous met en réaction ou en fuite pour ne pas souffrir à nouveau, la part apeurée qui évite aussi la confrontation, la pale copie de nos figures d'attachement de l'enfance, celle qui se renie, se sacrifie, celle soumise, qui répond aux attentes des autres par aveuglement de son existence propre, celle qui manque cruellement d'affection, de confiance, de sécurité etc., etc.… Ce sont toutes les parts qui habitent notre mental et qui racontent bien des histoires.

Mais il y a aussi la part consciente, la vraie moi, la part amoureuse, celle qui sait pertinemment QUI choisit et qui est prête à assumer toutes les conséquences de ses choix.

C'est cette partie de moi qui sait le jeu dans lequel elle s'est enrôlée et qui connaît sa responsabilité dans sa partie. Elle connaît son pouvoir et ajuste de manière incessante son équilibre pour être en adéquation avec l'humaine limitée que je suis.

Elle sait très bien lorsque je choisis en réaction pour combler un manque, éviter un inconfort et parce que justement je dois vivre l'inconfort pour libérer les scories dans mon corps qui bloquent la connexion avec elle. Par amour, elle se soumet pour que je puisse vivre l'inconfort dans mes tripes dans le seul but d'ajuster ma connexion avec elle.

Lorsque la voie est libérée du mental c'est cette part qui choisit. Cette part c'est celle de ma vérité profonde vivant dans l'instant présent, elle sait ce qui est bon pour moi, elle crée le désir, l'élan du cœur, les papillons dans le ventre, la joie de l'enfant, l'excitation palpitante, l'effusion de joie libre.

3. Pourquoi est-ce si difficile de choisir la voie facile de l'amour ?

La voie de l'amour est facile et difficile à la fois. Elle met en lumière toutes les parts sombres cachées de l'inconscient. Personne n'aime mourir et tente de s'en garder coûte que coûte. Et bien c'est la même chose pour ces parts de nous qui sont très vivantes et qui se gardent bien de disparaître !

L'amour est un choix, il se choisit, jamais ne s'impose. Le choix de l'amour peut apparaître lorsqu'il a l'espace pour.

L'amour bouscule, l'amour met en évidence la vérité, il tue les programmes de manipulations et les mensonges. Il désencombre tous les systèmes qui font partie de nous et nous desservent.

L'amour nettoie, il fait du vide, il se contente de ce qu'il est car il EST par nature la vérité.

C'est très déstabilisant pour le mental de se soumettre à la vérité lorsqu'il a créé du mensonge pendant de nombreuses années.

En effet lorsque j'ai fait le choix de me soumettre à l'amour, par amour j'ai été justement confrontée à tout le désamour et les mensonges que je me suis infligée. Il m'a fallu faire des choix difficiles et bouleversants pour déconstruire une vie de choix faussés par des programmes puissants et imposants qui n'étaient pas moi. J'avais réussi à me convaincre que j'étais heureuse alors que je ne l'étais pas. J'étais comme morte à l'intérieur, anesthésiée de la rancœur contre moi-même, de cette violence, une auto-maltraitance

L'expérience de l'Amour

pour éviter la confrontation et ma responsabilité dans mes « mauvais » choix, ceux qui m'empêchaient d'atteindre le véritable bonheur.

J'ai ouvert la voie de l'amour lorsque j'ai fait de la place à l'intérieur de moi. Je me suis libérée intérieurement en m'autorisant enfin à sortir de la colère de mes tripes, et pleurer beaucoup, sans retenue m'a permis de contacter le néant. Ce grand vide a fait naître en moi la conscience que je suis le seul maître à bord de mon navire et la volonté profonde de vivre MA vie. J'ai progressivement tourné mon regard jusqu'alors dirigé vers les autres et ce que l'on attendait de moi, ce que l'on percevait de moi. Je l'ai désormais tourné vers l'intérieur. Quels sont mes désirs, mes envies profondes ? Je me suis alors demandé mais « Qui suis-je ? », « A quoi ça sert de vivre ? ».

Un switch soudain qui a tout changé, mettant en lumière mon existence propre, ma responsabilité dans chacun de mes souffles de vie. Je suis un être vivant, l'unique créateur de ma vie et j'ai un pouvoir infini sur tout ce qui me concerne. Je ne suis plus victime de ma vie mais j'en ai le pouvoir et ça change tout. Je ne remettrais plus en cause les autres mais moi et uniquement moi et mon positionnement sur chaque évènement de ma vie, chaque situation.

Facile à dire certes, un peu plus difficile lorsque l'aspect émotionnel désormais mis au-devant de la scène dont je dispose et absolument mécompris est de la partie. Je peux dire aujourd'hui que j'ai appris à m'aimer en apprenant le rôle et le fonctionnement des émotions qui m'animent.

4. Qui ne suis-je pas ?

L'ouverture du cœur m'a permis de comprendre clairement qui je n'étais pas et a mis en évidence toutes les parts de moi qui me possédaient et avec qui je ne souhaitais plus cohabiter. A en être dégoutée pour certaines. La vie m'a mis face à des situations pour vivre dans mes tripes le renoncement de ces parts afin que je m'en libère de manière claire et définitive. J'ai donc compris qui je n'étais pas !

Durant mon parcours de vie, il m'est arrivé à plusieurs reprises de me remettre en question pour savoir ce que je voulais vraiment dans ma vie.

Mon schéma de construction m'a longtemps empêché de penser par moi-même. J'ai eu pendant très longtemps cette certitude que j'étais beaucoup plus mais bien incapable d'aller goûter vraiment ma vérité. Cherchant constamment à quoi ou à qui croire. Je me rattachais tout bêtement à des croyances pour pointer une raison à mes ressentis. J'étais un peu comme une chercheuse de vérité qui cherchait à se convaincre de sa vérité. Cette manière de fonctionner m'a peu à peu confrontée à de nombreux mensonges, cela m'a permis de comprendre que personne d'autre que moi ne peut comprendre ma vérité, que la vérité d'un autre n'est pas la mienne, que les mots sont extrêmement limités dans l'expression d'une expérience sensorielle et que toute histoire n'est qu'interprétation d'un autre homme selon ses propres filtres et perceptions personnels.

Mon passage par la religion, certaines rencontres ainsi que la période covid m'ont grandement permis de le comprendre.

En me libérant de ce qui ne me correspondait pas, j'ai pu progressivement voir s'ouvrir à moi une page blanche à écrire. J'ai compris que j'avais un pouvoir de création infini.

5. Qui suis-je ?

J'ai compris que l'amour était mon état naturel. L'amour c'est la perfection, nous sommes tous fruits de L'amour. Nous sommes des êtres créateurs et chaque création consciente ou non est fruit de l'amour. Au-delà de la volonté humaine, il y a la vie. C'est la vie qui décide des grandes lignes et de ce qu'elle veut expérimenter. Nous, petits humains ne faisons que nous agiter afin d'accomplir un plan bien plus vaste que la petite conscience humaine.

Aller à l'encontre de ce que la vie nous a donné est une possibilité mais dans ce cas nous faisons le choix de la résistance, de la souffrance. Aller dans le sens du courant c'est dire oui à la vie, c'est participer au Plan Divin avec conscience et connaître la joie que le don de soi apporte comme abondance. C'est l'évidence !!! A chaque évidence, c'est ce que la vie met sur mon chemin pour accomplir le plan, pour y participer. Et bien souvent ce n'est pas ce que veut mon mental qui se soucie des apparences ! Le cœur connait toutes les réponses aux questions que le mental ne lui pose pas. Et le mental ne pose que les questions dont il refuse d'entendre les réponses du cœur. Dans le cœur, il n'y a pas de questions, que des réponses. Et que de questions dans la tête. En apprenant à relier mon mental avec mon cœur, le discernement est apparu, ce qui me permet de prendre désormais de justes décisions dans ma vie, celles adaptées à ma propre couleur.

6. Une couleur ?

Chaque âme qui s'incarne sur terre arrive avec le bagage de ses vies passées. Tout son corps est comme engrammé de tout ce qu'elle a vécu et transcendé. Toutes ses blessures, ses guérisons, ses peines, ses joies, ses accomplissements.

Mes expériences du passé conjuguées avec mon incarnation présente me donnent une couleur unique bien particulière. Si je pose mon attention sur ce qui m'anime à l'intérieur, je vais pouvoir sentir quelles sont mes facultés naturelles et celles que je peux déployer davantage. La boussole de ma voie, c'est la joie d'être. En me connectant à la joie je sais où aller !

Si je suis jaune, je ne peux être bleue, à moins d'enfiler un costume bleu mais je masquerai alors ma nature profonde et je jouerai au bleu toute ma vie jusqu'à m'en persuader. Le jour de ma mort je n'emmènerai pas mon costume avec moi. Je me rappellerai alors ma nature profonde et je verrai à quel point je me suis reniée et maltraitée, passant à côté de ma vie de jaune.

Il me suffit de me connaître pour déployer mes facultés naturelles. En mettant un masque j'essaierai toute ma vie de déployer un visage qui ne peut pas sourire du mensonge car j'en cache un que je n'assume pas juste par « principes » ou pour me « fondre dans le moule ». En apprenant à me connaître et en m'assumant, je vais pouvoir briller de mon plus bel éclat naturel car c'est ainsi que je suis naturellement. Ma seule et unique mission est d'exister telle que je suis.

7. C'est quoi l'amour ?

L'amour se trouve au point 0, dans l'instant présent, c'est l'équilibre. Je suis en état d'amour lorsque je suis dans l'être. L'amour c'est l'évidence, c'est la joie, c'est les papillons, c'est la légèreté. La beauté est le langage de l'amour ! Partout où je vois du beau c'est de l'amour.

Je suis en admiration devant l'amour car je ne fais qu'un avec l'amour. Quand j'aime, je m'aime. L'amour est naturel, le désamour est une construction. Pour m'aimer, il me faut me désencombrer de ce qui m'empêche de le faire en posant de la lumière sur les parts d'ombres qui ont de l'emprise sur moi. La lumière de l'amour est le Karcher qui permet de me désencombrer de tout ce qui m'empoisonne la vie.

Je suis en mesure d'aimer à la mesure de l'amour que je me porte.

En l'absence d'amour c'est l'envie, le manque, mes blessures qui parlent et m'empêchent d'aimer, ce qui me rend malheureux et me fais jouer un rôle qui n'est pas moi.

Il existe de très nombreuses méthodes pour se mettre en « état d'amour », ce que j'appelle « l'état de grâce ».

8. L'état de grâce

Lorsque je suis en état de grâce, je suis moi, vraie, intouchable, dans une vulnérabilité de sensibilité pleinement assumée.

Je pense que nous avons tous touché cet état au moins une fois dans notre vie, peut-être même plus souvent que vous ne l'imaginez, même de manière furtive.

La société fait tout pour nous priver de cet état, l'associant au mal, au pécher, à l'irréel, à l'inutile, à l'incrédible. C'est devenu comme une sorte de récompense qui a un coût et seulement réservé aux plus méritants. Mais attention, à toute petite dose, sous peine d'être traité de feignant, d'égoïste, d'exhibitionniste, d'original, etc... C'est le bonheur sous contrôle et monnayable, au risque d'y prendre goût et d'en redemander encore et encore. C'est le bonheur limité sous peine de devenir coupable du malheur des autres.

Que se cache-t-il derrière cet état ? L'effet secondaire de cet état est terrible pour la société qui nous manipule, il permet de goûter à sa propre vérité car libéré du stress du contrôle du mental, c'est notre vérité profonde qui s'exprime. L'absence de filtres, même temporaire montre de toutes nouvelles possibilités de scénarios jusqu'alors non envisagés. A haute dose, c'est l'apparition de la foi qui soulève les montagnes, c'est l'espace où le champ des possibles s'ouvre à l'infini, c'est la survenue des miracles.

Il existe de nombreuses manières d'atteindre cet état, la première étape consiste à s'en remettre à plus grand que soi. Le fameux « Que ta volonté soit faite ! ». En vrai, la volonté du tout puissant est une grande fête !

C'est un abandon sincère du cœur et c'est bien souvent l'extrême souffrance et le désarroi qui amènent cette prière, mais pas que ! Nous naissons dans cet état d'abandon naturel, certains oiseaux rares auront tendance à le cultiver toute leur vie, ce sont de vrais joyaux pour le monde, des prodiges d'amour faiseurs de miracles que la société a étiqueté de fous, les atteints de « troubles » que l'on ne peut mettre dans des cases car la société créée telle que nous la connaissons n'est pas adaptée pour les « incontrôlables », ceux qui ne savent pas faire semblant et qui n'aspirent qu'à suivre leur propre courant.

Lorsque l'ouverture de la porte commence à être envisagée, c'est alors qu'elle se déverrouille progressivement, permettant aux corps insensibles jusqu'alors de commencer à ressentir la vie traduite en émotions en eux. Dans ce désir de vérité, ce sont les émotions qui vont impulser l'énergie de vie à venir créer du vrai dans la vie de l'humain.

La volonté de vivre le bonheur viendra dans un premier temps mettre en lumière les fausses notes, ce qui est une part difficile dans la vie de ceux qui font le choix de sortir du faux.

En effet, la lumière de l'amour montre à quel point je me suis maltraitée, soulevant tout un florilège d'émotions désagréables à vivre. Toute la tristesse que je me suis interdite de vivre, masquée par la violente colère dévastatrice, celle qui dévore les cellules de l'intérieure.

Venir acter sa volonté par du concret est ensuite indispensable en intégrant du nouveau dans sa vie : solliciter un thérapeute, un coach, un maître spirituel, entamer une pratique corporelle comme du yoga, de la marche, du sport, un art créatif, musical, une reconnexion à la nature, faire une retraite, un voyage, une formation, de la cuisine, de la danse, méditer, intégrer une communauté, un groupe de prière, de parole…. L'appel se fera naturellement, à vous d'y répondre.

La routine quotidienne, viendra ancrer en vous petit à petit l'état de plénitude via la pratique que vous aurez intégrée dans votre vie et de nouveaux liens se feront par d'incroyables synchronicités, vous conduisant petit à petit vers de nouveaux centres d'intérêts et la connaissance de qui vous êtes et de ce qui vous anime fondamentalement.

C'est par l'écoute de vos émotions et de votre corps que vous vous dirigerez vers cet état de grâce subliminale qui en appelle encore et encore, telle une douce addiction saine et belle et bien autorisée. Être qui vous êtes fondamentalement est votre droit le plus noble.

Un homme qui vit uniquement dans son mental dirigé par ses pensées par projections passées ou futures, et qui contrôle tout est incapable de créer quoi que ce soit, il saura alors juste parfaitement imiter et reproduire ce qui existe déjà. Il fera uniquement de l'imitation et du clonage et ne sera jamais réellement satisfait.

L'être humain ne peut réellement créer du nouveau que lorsqu'il est en son état naturel d'amour dans la béatitude de l'instant présent, lorsqu'il est en joie et aligné avec ses facultés naturelles connues et assumées ! C'est ainsi que sa création est unique, belle et parfaite.

9. Le rôle des émotions

Une émotion est une information invisible, c'est une énergie bien réelle qui peut être ressentie et manifestée. En général c'est une réaction conséquente d'une pensée mais elle peut aussi apparaître sans pensée. C'est une information qui peut aussi être captée par empathie.

Une émotion c'est une énergie vivante. Comme le flux d'une rivière elle coule, elle transite, elle ne fait que passer si on ne la retient pas en se l'accaparent.

L'émotion nous fait réagir, elle est la boussole de notre vie, c'est elle qui va guider nos choix, nos réactions, c'est elle qui rend nos expériences uniques.

Notre rapport à nos émotions va conditionner notre vie et notre manière à faire face à nos choix par ce qui nous anime profondément.

Plus nous allons nous laisser traverser librement par nos émotions, plus nous serons dans l'acceptation de ce qui se présente dans nos vies, et plus nous aurons de facilités à laisser couler ce qui se doit de l'être pour passer à autre chose. Le principe de l'évolution.

Si nous nous coupons de nos émotions à cause de nos peurs, nous les stockons à l'intérieur, et comme la vie ne demande qu'à « couler » elle fera tout pour nous présenter des situations pour nous en vider et libérer le chemin pour son passage. Plus nous résistons aux émotions, à la vie, plus nous nous coupons de notre essence pure. Jusqu'à nous anesthésier totalement à ne plus savoir qui nous sommes et nous empêcher de vivre.

Lorsque je me coupe de mes émotions, je suis comme morte à l'intérieur, plus rien n'a de sens et je suis incapable d'être, tout simplement. Je m'affaire de manière incessante, coupée de la joie, du désir et du plaisir.

Je pose toute ma valeur à l'extérieur de moi, léguant tout mon pouvoir à autrui, posant mon bonheur sur la possession de biens, de personnes. Je deviens dépendant de l'extérieur. Un petit pantin manipulé mais aussi manipulateur car je crois avoir du pouvoir sur les autres.

Lorsque nous sommes dans l'acceptation de nos émotions aussi difficiles soient elles, nous les vivons pleinement sans chercher à retenir des situations qui vont nous bloquer dans notre vie. Et cela nous permet d'évoluer grâce à la place que nous faisons pour accueillir le nouveau.

Plus nous allons nous laisser traverser par la vie, plus nous saurons faire des choix selon qui nous sommes fondamentalement. Nous ferons de vrais choix pour répondre à nos désirs, qu'importe les conséquences, et non plus pour éviter de vivre ce qui est perçu comme de l'inconfort.

Une émotion est une boussole car le corps réagit à nos préférences et nos aversions à travers les émotions. Si nous sommes connectés à nos émotions, nous savons ce qui est bon ou pas pour nous.

Lorsque je suis ouverte aux émotions qui me traversent avec conscience, je peux aussi aider les autres car leurs émotions me traversent aussi ! En les laissant traverser mon corps, je peux les aider à s'alléger sans prendre leur mal-être pour moi. Une personne empathe bien alignée va transformer les énergies lourdes pour les rendre plus légères, ce sont des guérisseurs.

Lorsque je le fais en conscience, j'apprends aussi à cadrer ce processus pour ne plus en être victime. J'apprends dans mon quotidien à m'entourer de personnes qui me conviennent pour mon bien-être physique, mental et spirituel. Je cadre cette pratique pour ne pas me laisser envahir, par le biais d'une activité professionnelle par exemple. J'apprends à me laisser traverser en étant bien ancrée sur terre dans mon corps, non plus dans ma tête uniquement. Parce-que lorsque je suis dans ma tête, je n'habite pas mon corps et c'est alors que je laisse la place à des énergies extérieures m'habiter si je n'en ai pas conscience et que je ne connais pas les pratiques qui me conviennent pour me recentrer dans mon cœur, dans mon corps pour m'en libérer le plus vite possible.

La rétention des émotions négatives étant à l'origine des maladies, imaginez les dégâts lorsqu'en plus des miennes, je m'accapare de celles des autres !

Il y a plusieurs catégories d'émotions que je ne détaillerai pas là, d'ailleurs je pense que je pourrai écrire un livre juste sur ce sujet que je résume ici très succinctement. Une idée pour plus tard peut-être.

Apprendre comment fonctionnent les émotions en nous et leur rôle devrait être une éducation de base qui éviterait bien des désagréments et de la souffrance.

L'émotion liée à l'amour est la joie ! Comment savoir aimer si je suis coupée de la joie ?

Il est impératif pour pouvoir incarner l'amour de la manière la plus pure et légère d'apprendre à se connaître, en vérité.

Il est possible d'aimer en réponse à un désir pur que lorsque je transcende mes blessures profondes pour tomber les masques que je me suis mis afin de ne pas me monter telle que je suis. L'amour est respectueux, il est patient et jamais ne forcera le barrage du mental pour se faufiler. Le cœur ne s'exprime que dans le silence pour être entendu.

Tant que j'agis en réponse aux histoires que je me raconte, ma vie ne sera qu'agitations, mensonges et insatisfactions.

Apprendre à se connecter à ses émotions pour les ressentir et les vivre dans ses tripes, c'est la voie pour sortir du personnage robot de la matrice dans lequel beaucoup de femmes et d'hommes jouent, pour enfin devenir un être vivant, libre et responsable. C'est le début de la partie la plus intéressante qui va se jouer, celle que personne d'autre ne pourra remplacer, c'est le seul rôle qu'une intelligence artificielle ne pourra jamais jouer. Ainsi, chacun devient unique, irremplaçable, un outil de création de la vie porté par une force d'une puissance inouïe !

10. Mission de vie

Ma seule et unique mission de vie sur terre est de briller de ma couleur. Pour ce faire, il me faut la voir, l'accepter, la déployer pour la faire évoluer en la rendant plus lumineuse.

Il m'est possible de découvrir quelle est ma mission de vie si je sais qui je suis. La plupart des gens déploient qui ils ne sont pas, car l'intention dans leurs agissements répond à des croyances qui les desservent. L'intention, le réel pourquoi je fais les choses est une vraie clé pour voir la vérité. Et ce à condition d'être prête à remuer le moche, la maltraitance que je me suis infligée et surtout de me remettre en question pour revenir sur les rails de la direction de ce que veut la vie, de ce que le grand JE veut, pas mon petit personnage fictif blessé et séparé de tout.

En acceptant de me déployer, je sors de toutes les attentes de mon environnement et de la société, et j'accepte le fait d'être jugée et ne pas être aimée.

En me déployant je tourne mon regard, non plus vers les autres, mais vers moi.

En me déployant telle que je suis, la vie m'aide, elle est avec moi car elle répond à tout, elle me guide.

En me déployant telle que je suis, je ne fais plus qu'un avec la vie.

En me déployant, je m'aime et je fais tout par amour.
En me déployant, j'offre au monde une version vraie et authentique de moi, je suis un vrai cadeau d'évolution pour le monde.

Je suis alignée avec qui je suis lorsque je ne subis plus, je prends du plaisir à tout ce que je fais et que je ne fais plus semblant. Lorsque je suis en harmonie avec la vie, il m'est impossible de me forcer, je suis authentique et libre de mes choix, de mes actions et j'assume parfaitement mon image.

L'expérience de l'Amour

Je suis les rails de ma vie lorsque j'ai compris que mes rails ne sont pas les rails de l'autre, même si nous cheminons sur le même terrain. Nous aurons des points de vue bien différents selon notre positionnement. Même s'il m'est possible d'ouvrir la voie ou de pousser l'autre, parfois de croiser son chemin ; chacun dispose de son propre moteur et de sa propre boussole.

Ma mission est donc de suivre mon chemin en découvrant les caractéristiques uniques de mon tableau de bord personnel. D'apprendre à maitriser mon moteur pour en saisir les subtilités et ce dont je suis capable en fonction des moyens de l'alimenter que je vais expérimenter.

Ma mission est d'expérimenter mon moyen propre d'incarner l'amour pour jouir de l'expérience et des fruits que je vais partager au monde.

Ma mission est de découvrir mes talents pour les offrir au monde par le biais de l'expérience.

Ma mission est d'être un outil récepteur d'amour pour donner de l'amour.

Ma mission est de me laisser incarner par l'Esprit supérieur, au risque d'être un simple PNJ, personnage non joueur. Ma mission est de jouer pleinement mon personnage avec la conscience que je ne suis pas ce personnage mais celui à l'autre bout de la manette.

Pour pouvoir incarner ma mission de vie, je dois donc tourner mon regard, non plus sur les autres mais sur moi pour me découvrir, découvrir mes besoins propres, mes désirs, mes envies en trouvant mon moyen propre d'être en posture d'abandon au moment présent. Car la vérité de ce que je suis en vérité ne se présente que dans l'instant présent. Il n'y a que maintenant que la Vie me parle. Mon dialogue intérieur de vérité, certains diront mes guides, Dieu, mon intuition ne me parle que maintenant et uniquement maintenant. MA voix c'est celle qui me parle personnellement et qui ne vient de nulle part ailleurs d'autre de moi et elle s'exprime sans aucune hésitation. A partir du moment ou je doute, c'est que mon mental s'est accaparé de l'information pour broder avec.

Ma mission de vie c'est d'être moi, dans l'acceptation de qui je suis véritablement et de l'incarner pleinement.

11. Le rôle du mental

Le mental est un outil à mon service qui sert à modéliser mes idées. Il se nourrit de toutes les informations qui me composent et m'environnent pour vivre. Le mental n'a pas de volonté propre, il n'a que des réactions selon son conditionnement dans ce qu'il vit.

Un mental soumis à mon être véritable est un fabuleux outil pour mettre en œuvre mes plus belles créations.

Un mental dominant est une grande source de souffrance. La joie se trouve dans mon être véritable.

Il n'y a pas de joie dans le mental impossible à satisfaire. Le début du chemin vers ma vérité commence par apprendre à dompter mon mental, c'est le B.A. BA. Sans passer par cette étape, alors je serai en mesure de brasser du vent toute ma vie en subissant sans jamais comprendre qui je suis réellement et la vie fera tout pour mettre des indices sur mon chemin pour me le faire comprendre avec des difficultés.

Lorsque je trouve l'harmonie en moi, c'est alors que la magie de la vie opère en mettant sur mon chemin des synchronicités parfaites afin d'œuvrer de manière exceptionnellement alignée avec le bonheur.

Dompter son mental ne coule pas de source pour tout le monde. Certains le feront de manière innée depuis toujours sans même s'en rendre compte, pour d'autres cela demandera de l'entrainement et de la persévérance.

Les moyens d'apprentissage de « domptage de mental » sont propres à chacun, à chacun de tester et d'expérimenter pour savoir lequel lui convient.

Pour exemple parmi ceux qui fonctionnement pour moi il y a : écouter de la musique, marcher dans la forêt, me blottir dans les bras de mon chéri, écrire, méditer, discuter et jouer avec mes enfants, des amis, cuisiner, danser, prodiguer des soins énergétiques, visiter de beaux lieux…et ce n'est pas forcément en étant inactif !

A partir du moment où je prends du plaisir dans ce que je fais, je suis moi, alignée dans mon cœur, dans mon être, mon mental au repos. Et si je ne suis pas en mesure de prendre du plaisir, c'est que je dois changer quelque chose en moi car il y a un blocage qui empêche cette posture d'accueil. Ce blocage prend souvent sa source dans la petite enfance, car la personne s'est à un moment donné, sentie en danger d'être elle-même par un évènement extérieur qui lui a fait ressentir de l'inconfort, une souffrance : culpabilité, honte, peur, insécurité…. Lui poussant à se mettre une carapace, pensant se protéger de l'extérieur, et surtout pour ne pas revivre cet inconfort. Alors que c'est justement une clé pour libérer l'être en soi. Il est parfois nécessaire de passer par la case « déprogrammation » pour se libérer de ce qui empêche son être véritable de se déployer. Il existe de très nombreuses techniques et thérapies pour cela.

12. Pourquoi ai-je oublié qui je suis ?

Pour avoir envie de jouer au jeu de la vie. Pour gouter le plaisir et la joie de me découvrir par mes sens. Afin de prendre au sérieux cette partie du jeu et pour m'y investir pleinement. Afin de ne pas spoiler le film que je n'aurai plus envie de regarder.

Pour intégrer les leçons afin de les graver en moi à jamais pour la partie suivante, pour pouvoir passer au niveau supérieur. Pour créer l'envie de vivre. Beaucoup de personnes trop perchées dans « l'absolu » n'ont pas le goût de vivre. Raison pour laquelle il est si important d'investir pleinement son corps, sa partie relative tout en trouvant un équilibre entre les deux. Equilibrer ses énergies dans son corps est essentiel pour son bien-être et son évolution. Il s'agit de trouver un équilibre entre sa partie féminine, intuitive et sa partie masculine d'ancrage et d'assurance pour exister pleinement, assurément.

J'ai oublié les règles du jeu pour pouvoir expérimenter et gouter l'imperfection et la nouveauté qui en découle, la variété que les évènements, les circonstances de la vie procurent en permanence. J'ai oublié les règles du jeu pour abolir toute limitation et tout réinventer à chaque instant.

J'ai oublié qui je suis pour gouter la joie de découvrir le grand secret de la vie.

J'ai oublié qui je suis pour gouter pleinement en mon sein aux effets de l'amour, pour vivre l'amour à travers le désamour, savourer le silence après le vacarme, jouir d'un bon bain chaud après avoir eu bien froid, apprécier la douceur après avoir connu le piquant, honorer le calme après l'agitation…

Le grand secret de la vie c'est l'éveil de la conscience à la réalité de la vie qui est Amour.
L'amour est la force créatrice qui agit en permanence.
Je suis la conséquence de l'amour, je suis l'amour et je suis créatrice par amour.
Le hasard est le fruit de l'inconscience.
La réalité, le sens sont le fruit de la conscience.

J'ai oublié qui je suis dans le seul et unique but de m'en rappeler. Pour vivre l'expérience du réveil.
Joie de l'éveil, joie de la renaissance, joie de la reconnaissance, joie de l'amour, joie de vivre !

La joie est l'émotion attenante à de l'amour, à ma réalité, à qui je suis en vérité. Je suis connectée à ma réalité lorsque je suis en joie.

Le grand secret de la vie c'est que la vie a un sens, c'est que tout a un sens et que j'ai le pouvoir du sens.

L'expérience de l'Amour

Mon incarnation de l'Amour

L'expérience de l'Amour

1. Stratégiquement morte pour ne pas vivre

Toute petite, je me le suis rappelé, il y a quelques temps seulement, à quel point j'étais ici et ailleurs à la fois ! Des bribes de souvenirs refaisant surface comme des bulles remontant des tréfonds de l'océan par ci, par là. De furtifs souvenirs distribués avec parcimonie comme pour ménager mon petit personnage craintif, susceptible d'être effrayé au moindre évènement paranormal venu d'outre-tombe.

Episodes de vie nuancés de cauchemars, visites nocturnes d'êtres venus d'ailleurs, visions d'auras, rêves prémonitoires et d'autres vies, intuitions justes, sorties de corps, influences sur la matière et j'en passe... et surtout un profond attrait pour la mort, le paranormal, les extra-terrestres, Jésus, les mystiques.... Mêlée d'une peur profonde semi fantasmagorique d'y découvrir l'aspect surnaturel, irréel selon les discours cartésiens rattachés à ces sujets.

Je me rappelle même durant une période de mon enfance, aux alentours de 6-7 ans m'être, à de nombreuses reprises rendue seule à la messe dominicale à l'Eglise de mon village. Et bien que je ne comprisse pas un seul mot de ce que pouvait dire le prêtre, le ressenti de bien être infini en moi innommable me comblait complètement. Je me sentais chez moi.

Petite j'ai testé de multiples outils pour voir l'invisible, tout en sachant au fond de moi que je n'en avais pas besoin pour voir. J'étais l'outil !

L'expérience de l'Amour

Mon personnage étant la partie visible aux autres personnages d'un vaste plan Divin bien réel et palpable pour qui souhaite, au fond de lui, le voir sincèrement.

Durant des moments de profonde solitude dans mon enfance, je faisais appel à une force invisible que je ressentais à l'intérieur de moi. Une évidence que je savais présente mais que tout mon monde extérieur semblait nier. J'avais la certitude tout en faisant l'expérience de l'incertitude, la sécurité, tout en faisant l'expérience de l'insécurité, la douceur, tout en expérimentant la violence, c'est comme si tout ce que je vivais voulait me détourner de qui j'étais au fond de moi, et ce, je le comprends aujourd'hui pour renforcer ma foi. Mon monde intérieur était paix et joie, alors que j'expérimentais, tourments, et tristesse.

Cet écart était tellement incohérent que j'ai, petit à petit appris à naviguer entre cette paix profonde en misant sur le fait que je la retrouverai quoi qu'il en soit pleinement une fois adulte lorsque je ne dépendrai plus de mon environnement et cette souffrance, en décidant de la rendre la moins souffrante possible, en construisant des stratégies d'adaptations extrêmes, tel un caméléon, à chaque situation vécue. J'ai donc appris à déployer ma faculté d'empathie afin de répondre aux besoins des autres en les comprenant, avant tout pour ne pas les décevoir et ne pas ressentir l'abandon ou le rejet, le manque d'amour.

Tout comme j'ai appris à relativiser en amoindrissant la gravité des faits et en traitant une à une mes souffrances sur lesquelles je pouvais directement agir pour ne plus en souffrir le plus rapidement possible.

Il s'agit de toutes sortes de souffrances du commun des mortels : complexes, hontes, manques, dépendances, violences, injustices, culpabilités, peurs….

Cette faculté m'a permis de développer une grande capacité de résilience ainsi qu'une volonté hors pair.

J'ai donc procédé de manière stratégiquement organisée à mon opération d'anesthésie général pour disparaître, ne pas me sentir exister, ne plus rien ressentir, pour ne pas souffrir, ou en tout cas le moins possible. J'ai érigé toute seule les remparts de mon château fort pour me protéger de la violence extérieure que mon hypersensibilité semble me faire subir de manière extrême et démesurée.

Mais la contrepartie c'est qu'à l'intérieur de ma tour d'ivoire, me voici devenue un parfait outil rendu indispensable sacrifié au service de ma famille, de mes amis, de mes amoureux, de mes enfants. Un modèle qui sait parfaitement répondre aux attentes de tous et qui choisit son monde en fonction de cela. Fuyant ceux dont je sais pertinemment que je ne saurais satisfaire, selon mon point de vue à ce moment-là et qui risqueraient potentiellement de me renvoyer mes propres démons mais aussi ma propre puissance.

Entrer en relation avec des personnes perçues comme dangereuses me demandait un tel effort qu'inconsciemment je limitais le nombre d'interactions sociales au maximum, surtout simultanément.

J'ai construit ma vie en fonction de ce que je ne voulais consciemment pas vivre pour ne pas souffrir. En choisissant notamment des amoureux, dont un époux duquel je n'étais pas éperdument amoureuse mais qui répondrait en tout point à mes attentes d'une certaine sécurité extérieure confortable et dans une certaine liberté de mouvement, et dépendant affectivement de moi afin d'être certaine qu'il ne me ferait pas vivre la souffrance affective du rejet, de la séparation ou de l'abandon.

Je suis devenue tel un objet utile et indispensable, de satisfaction de besoin des autres en créant chez l'autre une sorte de dépendance de ma personne. Et ce en étant au service, sachant répondre au besoin de sécurité et de confort par la confiance que je pouvais offrir. Conséquence du désamour que je me portais, ne m'offrant pas le privilège à moi-même de recevoir ce que je donnais de moi, tenant à distance toute forme de relation horizontale qui aurait pu me faire sentir exister pour qui je suis et dont je pouvais autant être nourrie gratuitement qu'en offrant. En y réfléchissant, j'ai créé à ce moment-là chez les personnes autour de moi une sorte de dépendance en leur renvoyant la meilleure image d'eux même, faisant fi des côtés sombres en les rangeant sous le tapis pour ne pas les voir. En fait j'étais complice du déni de soi, étant moi-même en cet état d'esprit et de fonctionnement.

Par ma présence je voulais qu'ils remplissent leurs manques en leur faisant plaisir, sans doute pour être aimée, alors que je me refusais cet amour, notamment en ne choisissant pas les bons partenaires pour moi mais en me laissant choisir. Une mendiante d'amour, comme si l'amour se marchandait sous condition. Je nourrissais donc à foison en m'interdisant de m'abreuver moi-même, comme si je ne le méritais pas.

L'expérience de l'Amour

En voulant offrir ce que je n'avais pas trouvé en moi, me refusant l'amour comme un privilège non mérité, je créais de plus en plus un déséquilibre intérieur, entre cette partie qui donne sans compter et celle qui se refuse de recevoir. A force, je me suis asséchée, tel un puit d'amour vide.

Comment donner sans limite dans un corps limité ?

Ce vide sidéral et cette sensation d'avoir atteint les limites de ce que je pouvais donner, parvenant à me faire haïr moi-même, me poussa à m'en remettre entièrement à Dieu, à la vie, par la prière en demandant de l'aide, me donnant à sa bonne volonté afin de trouver cet équilibre nécessaire pour servir enfin de manière juste et harmonieuse.

En apparence j'avais tout pour être heureuse et pourtant j'étais loin de l'être. Un mari aimant, des enfants formidables, un travail dans lequel je semblais m'épanouir, une maison construite sur mesure.

Mais les fondations étant construites sur un manque à combler, des apparences à reluire, et l'éviction de vivre des choses trop intenses, l'amour que je me refusais et cette hypersensibilité souffrante avaient eu raison de moi jusqu'à ce que mon cœur explose d'une telle force qu'il allait progressivement mettre en lumière toutes les fausses notes qui raisonnaient grossièrement en moi au point de ne plus pouvoir les supporter.

2. Ma renaissance par le réveil des sens et l'ouverture du cœur

A l'aube de mes 33 ans, alors maman de trois enfants, je commençais furtivement à rêver d'une autre vie. Je percevais un ennui si profond à l'intérieur de moi que je tentais d'imaginer comment serait ma vie autrement. Ces rêves faisaient monter en moi tellement d'émotions que je commençais alors à me rendre compte à quel point j'étais morte dans ma vie quotidienne, apportant le bonheur autour de moi, certes et pourtant si vide à l'intérieur. Un rappel à l'ordre ferme et immédiat faisait alors irruption afin de faire taire ce potentiel de joie qui me paraissait si inaccessible à ce moment-là, tellement j'imaginais la grandeur de la souffrance et la déception qu'engendrerait l'enclenchement de tels changement autour de moi.

Jusqu'à ce jour du dimanche 5 mars 2017 où, dans une Eglise je reçus du ciel une véritable douche d'amour et de lumière me montrant ma vérité.

Petit retour en arrière où lorsque j'étais enfant, en état de béatitude devant le Christ en croix, je cherchais à comprendre avec ma tête cette paix profonde que je pouvais ressentir en contemplation devant cette scène pourtant morbide.

Il se dégageait de cet homme mystique tellement de mystère et d'amour que selon moi, la vérité se trouvait là sans conteste. Ici était le sens de tout et c'est là que je pourrai vivre en paix sans poser de question dont je n'avais pas les réponses. De toute façon à quoi bon questionner, je faisais confiance à ces humains d'Eglise dévots emplis d'apparente foi en ce qu'ils savaient et prônaient comme vérité, telle une enfant qui fait confiance à la bienséance des décisions que ses parents prennent pour lui sans se demander pourquoi.

Un livre écrit des mains de Dieu semblait détenir LA vérité. Soit ! A quoi bon penser puisque Dieu semble l'avoir fait pour nous. Un mode d'emploi à la vie tout cuit tout chaud à qui s'abandonner sans se fatiguer. En bonne être humaine conditionnée me voici donc sur les bancs de l'Eglise, fille de Dieu qui dicte le bon comportement de chacun pour suivre le bon et aller au Paradis des Anges.

Vers l'âge de 6 ans je me rappelle être allée à la rencontre du prêtre pour demander le Baptême, me sentant en partie exclue par le fait de ne pas avoir reçu bébé le sacrement qui ferait officiellement de moi une fille de Dieu pour de vrai. Je me souviens à quel point j'enviais les gens qui mangeaient l'hostie, corps du Christ, et ce pour être en parfaite communion avec lui. Mais j'étais fille de qui sinon ? ah oui de mon père de chair et de sang, un être humain périssable une fois la date limite atteinte uniquement.

C'était décidé, je voulais réellement vivre éternellement. Mais en fait, c'est vraiment l'intégration à une communauté qui va me rendre immortelle ? pas clair tout ça, mais ok je m'intègre. On verra bien.

Me voici partie pour plusieurs années de catéchisme, en parfaite division entre cette paix intérieure à l'évocation de Jésus, de Dieu, la fréquentation de sa maison église, et la confusion dans ma tête due à l'incompréhension totale du langage religieux qui dissonait fortement en moi.

Je me faisais confiance, je savais juste que j'étais au bon endroit pour vivre des choses agréables en moi et au final ça me suffisait. Je ne le savais pas mais j'avais déjà une forte perception des énergies d'amour et c'était déjà ma boussole, ça le restera.

A l'époque l'aboutissement du sacrement du baptême pour les enfants d'âge avancé se faisait dans le temps, suivant un enseignement, un conditionnement, et quatre grandes étapes rituelles.

Après avoir effectuées les trois premières, un déménagement m'éloignant de ma paroisse, et le temps ayant passé, me voici une presqu'ado qui a posé son dévolu sur d'autres champs d'intérêts plus diversifiés pour mon âge et surtout l'envie irrépressible de vivre d'autres expériences plus excitantes pour moi, avide d'intensités nouvelles.

Je suis entre temps devenue maman quatre fois pour mon plus grand bonheur et ce fût pour moi une merveilleuse manière de donner vivement de l'amour, intensément, gratuitement. Je me suis entièrement donnée à l'expérience de la maternité qui m'a rendue vivante de manière unique et incroyable. Une merveilleuse leçon de vie.

J'étais devenue vivante et indispensable pour quelqu'un d'autre que mon mari et qui plus est, issu de ma création ! Quelle magnifique expérience.

J'ai baigné en état de béatitude une grande partie de ma première grossesse, bien qu'entrecoupée de quelques furtifs épisodes de grosses et profondes angoisses de future maman.

J'étais en fusion complète avec mon bébé que j'ai nourri de mon sein pendant presqu'un an, mon fils Evan était mon plus grand bonheur, plus rien d'autre ne comptait. C'est un enfant aussi transparent que le cristal, une perle rare très différent du commun des mortels qui élèvera beaucoup d'âmes errantes, j'en suis certaine par sa pureté.

Deux ans plus tard, l'expérience de mon deuxième fils Aaron très différente dans le sens où je lui ai donné tout mon amour in utéro mais son âme a fait le choix d'expérimenter la vie sur terre en moi uniquement. Aaron est mort-né au terme de ma grossesse. Une petite étoile scintillante que je voyais chaque soir, phénomène paranormal auquel je n'attachais pas d'importance par sa nature étrange mais qui me faisait ressentir un bien être infini.

Aaron est devenu un guide pour moi dans l'astral, ce que je comprendrai plus tard, durant plus de 15 ans jusqu'à son envol vers de nouveaux horizons et une grande phase de transition me concernant.

Cette petite lumière, je l'apercevais chaque soir en me couchant jusqu'à ce que trois mois plus tard j'apprenne que j'étais enceinte de ma chère Salomé. Cette petite lumière s'est définitivement éteinte pour laisser place à la venue d'une grande lumière, vieille âme sage pleine d'amour bien vivante. Ma pépette que j'aime aussi plus que tout et qui est comme sa maman, très perceptible et magnétique. Une grande étoile qui fait et fera sans conteste beaucoup de bien tout autour d'elle par l'amour pur qu'elle dégage.

C'est alors que la survenue d'une fausse couche quatre ans plus tard alors que je ne me savais pas enceinte a fait renaître dans mes viscères à nouveau l'envie d'enfanter. Bienvenue à ma petite chérie Emma ! Si je devais la renommer ça serait sans conteste « Joie de vivre ! »

Un bout en train toujours joyeuse et de bonne humeur, un cœur gros comme ça ! Dotée d'une répartie spontanée sans pareil ! L'amour incarnée aussi doux et vulnérable qu'un petit agneau dont l'humour saura alléger magiquement beaucoup de souffrance chez ceux qui la côtoieront !

J'ai demandé le baptême chrétien catholique pour mes trois enfants vivants. Conséquence d'une frustration toujours présente de me sentir exclue de cette communauté de « vérité ».

Lors de la dernière réunion de préparation au baptême de ma petite dernière j'ai eu l'élan de le demander pour moi ! L'appel du Divin étant devenu très fort, c'était sa manière de m'appeler à lui selon ma sensibilité. Celle que j'avais au contact du Christ par la religion catholique.

Me voici donc partie pour deux années de catéchuménat, la préparation au batême des adultes durant lesquelles je m'épanouissais par les rencontres vraies et les partages authentiques avec les personnes que je fréquentais.

C'est le dimanche 5 mars 2017 que ma vie a basculée, j'ai commencé à renaître ce jour-là. Premier jour de carême pour les chrétiens, début de privation afin de vivre davantage sa nature de pauvre homme pêcheur en toute modestie pour ensuite célébrer la résurrection du Christ. Encore un conditionnement, parmi d'autres, pour faire croire que l'amour se reçoit au mérite.

Et bien j'ai reçu gratuitement ce jour le plus beau des cadeaux que je puisse recevoir du ciel ! Une véritable douche d'amour et de lumière ! qui a changé complètement mon regard ! Ouvrant progressivement les yeux de mon cœur.

Ce jour-là, avait été organisée une grande rencontre de tous les catéchumènes du Diocèse de l'année afin de partager ensemble la joie de rentrer dans cette grande communauté autour d'un temps festif et d'une célébration par l'Evêque.

La célébration a eu lieu en la belle Eglise Saint Bruno de Voiron en Isère. L'Evêque appela chaque candidat au baptême individuellement et échangea une parole avec chacun d'entre nous. Une banale parole a raisonné fort en moi comme un coup de tonnerre me sortant soudainement de ma torpeur. Il m'a dit « Le Christ travaille en toi » puis il m'a parlé de la lumière je ne sais plus les mots exacts. Au delà des paroles j'ai pu ressentir comme une géante vague d'amour venue du ciel me traversant de toute part du sommet de mon crâne jusqu'à mes pieds. Tous mes sens physiques se sont décuplés à ce moment-là. Les lumières de l'Eglise rayonnaient d'un éclat différent à m'aveugler, mes oreilles étaient douloureuses par les bruits environnants et tout ce que je touchais semblait m'incorporer littéralement. A ce moment j'ai pleuré toutes les larmes de mon corps, et ce pour plusieurs jours. J'attendais le moment du coucher pour pleurer seule dans mon lit. C'étaient des larmes de joie, d'amour !

Ma tête n'y comprenait absolument rien si ce n'est une envie irrépressible de connaître Jésus ! J'ai dévoré les quatre évangiles d'un seul coup ! Ainsi que des dizaines de témoignages de personnes converties et biographies de grands Saints pour savoir si d'autres avaient eu des expériences similaires et si je n'étais pas devenue folle !

C'est comme si mon cœur s'était expansé dans tout mon corps, diffusant son doux fluide de vérité dans chaque cellule, me rendant perméable à l'amour sous toutes ses formes. Je pouvais voir et ressentir l'amour partout, un profond bien-être innommable, bien au-delà de la raison que je sentais se diffuser à l'intérieur de mon corps.

J'ai commencé à me rendre à l'Eglise tous les dimanches, versant ma larme de béatitude à chaque fois. Puis ai reçu le baptême, ma première communion, le sacrement de confirmation par la suite. J'ai même intégré l'équipe de ma paroisse pendant plusieurs mois et ai participé à de nombreuses veillées de prières. De fil en aiguille je me suis vite rendue compte que mon expérience bien réelle et les ressentis de vagues d'amour que je ressentais dans mon corps étaient assez exceptionnels et que personnes dans l'Eglise ne semblait avoir de tel ressentis. On me parlait d'Esprit Saint sans trop d'explications où d'expériences similaires.

J'ai commencé aussi à avoir l'impression de lire dans les gens comme dans un livre ouvert et je percevais beaucoup d'incohérences entre les discours d'amour que j'entendais et ce que je percevais des personnes.

Un été, en famille nous avions visité un temple Bouddhiste dans le sud de la France. Afin de nous imprégner pleinement des lieux, je décide de nous inscrire à une initiation à la méditation de pleine conscience. Quelle ne fut pas ma surprise à la découverte de la même vague d'amour bien présente venue me traverser de haut en bas, de bas en haut, puissance mille en ces lieux que celle que je recevais à la messe !

Avide d'expérience et de nouveauté, ce même été, je décide de prendre rendez-vous dans le camping où nous logions pour recevoir mon premier soin énergétique ! J'y découvre tout un panel de ressentis intenses dans mon corps jamais vus jusqu'alors ! Comme des décharges électriques, des fourmillements, de la chaleur ici et là, j'ai l'impression que mon corps est littéralement habité !

Evidemment qu'il est habité…par moi ! même si je n'en ai pas conscience mon corps est vivant ! Et ce sont les mouvements de la vie en moi que je ressens tout naturellement et que je n'avais pas encore appris à écouter !

Je pousse alors ma curiosité en lisant d'innombrables ouvrages sur tout un tas de sujets religieux, culturels, ésotériques et de développement personnel. De fil en aiguilles j'intègre une certaine ouverture d'esprit qui ne m'amène non plus des doutes mais uniquement des certitudes et des réponses. J'accueille avec passion toutes ces nouvelles informations que l'Eglise pourtant rejette en grande partie.

Je ne doute en rien de tout ce que je lis, pour moi tout est vrai, me parle au cœur et je trouve tout ça passionnant. En quittant l'Eglise c'est comme si mon Esprit c'était ouvert au champ des possibles à l'infini ! Tout me parle !

Un jour je décide d'aller voir une thérapeute pour vivre une séance d'hypnose régressive. Je suis dans la peau d'un certain Moïse vivant dans le désert, des bandits ont enlevé ma fille, qui n'est autre que ma fille Salomé, je suis très seule et je meurs noyée dans la Mer Morte…. Pas très joyeux tout ça mais je sors de ce personnage et je vois ensuite l'Archange Michael qui me prend par la main et avec qui je m'envole ! Il m'explique que je vais aider à soigner le monde. Puis j'entrevois le Christ qui m'ouvre ses bras et reçois une méga bénédiction d'amour infini ! Ce shoot d'amour va me faire planer un certain temps. Après ça j'ai l'impression que mon cœur va exploser et je me sens comme connectée à tout ce qui m'entoure, surtout à la nature !

La même thérapeute me conseille d'aller visiter une forêt, connue pour ses ressentis uniques et particuliers pour ceux qui perçoivent et ses vertus de guérison, ce serait une forêt au passé druidique. Un fort magnétisme s'en dégagerait, un lieu où les énergies cosmo-telluriques se rejoignent de manière exceptionnelle.

Je m'y rends rapidement et là j'ai comme l'impression d'être littéralement branchée sur du 220 volts ! dès mon arrivée, je me sens accompagnée et j'ai même la sensation qu'on me touche, qu'on me prend par la main, c'est incroyable !

Encore une fois je reçois ces vagues d'amour et j'en déduis définitivement que LA fameuse vérité qui me traverse n'est pas que dans l'Eglise. Elle est partout, en chacun, dans la nature, dans les lieux…

L'amour est partout, à l'intérieur de chacun de nous, Dieu n'est pas une entité à vénérer en dehors mais nous sommes littéralement tous Dieu !!!

3. La découverte du discernement

L'épisode Covid m'a aidé à prendre définitivement des distances physiques avec l'Eglise et m'a permis de comprendre que j'avais le pouvoir d'avoir un avis propre. J'ai compris que je pouvais penser par moi-même ! Quelle délivrance ! Conséquence des incohérences de tout ce que j'ai vu et entendu dans ce géant sketch de pandémie mondial !

En fait j'ai découvert que j'avais la capacité d'avoir mon propre avis, qu'il était forcément juste pour moi, même s'il n'est pas accessible pour d'autres, il n'était plus nécessaire pour moi de répéter bêtement des discours préfabriqués !

Certes j'ai ouvert les yeux sur la part incroyable de manipulation sociétale mais ma faculté de détachement m'a permis de ne pas entrer en résistance avec tout ce brouhaha de manipulation collective par de la colère.

Je me suis à ce moment-là sentie très libre et fière de moi !

A cette période, mon pauvre mental a du mal à suivre mais mon être veut se déployer coûte que coûte, par tous les moyens ! Je lis et découvre à plusieurs reprises les termes « énergie » « chakra » « Kundalini », ces mots m'attirent mais dans mes lectures, notamment de physique quantique je n'y comprends pas grand-chose à cette période. Là me vient à l'idée que le meilleur moyen de comprendre serait de suivre une formation. Je balaye diverses formations sur le net sans grand attrait, par l'éloignement géographique et le coût financier élevé. De plus mon emploi du temps ne me permet pas de me libérer pour cela. Je laisse tomber l'idée.

Jusqu'au jour où, sortie de nulle part une page web s'ouvre sur mon écran de téléphone, promouvant une formation de « thérapeute énergéticien », tout près de chez moi, des week-ends sur trois années et à prix tout à fait abordable ! Je remplis immédiatement le formulaire de demande d'informations. Rapidement le thérapeute formateur me contacte et me donne rendez-vous.

A l'issue du rendez-vous je bénéficie d'une lecture d'Aura et d'un soin énergétique. Et d'un bien être absolu comme jamais je n'ai ressenti ! Le courant passe très bien immédiatement, au point d'une impression de le connaître. J'entame ma formation avec passion et beaucoup d'entrain durant trois années.

Tout un cheminement qui va m'aider progressivement à prendre confiance en mes capacités et à m'ouvrir à la reconnaissance de qui je suis.

4. L'abandon à ce que je suis avec foi

Je commence petite à petit à réaliser ma nature profonde et ma manière unique d'exister mais cela me renvoie en pleine figure aussi à quel point je me suis malmenée en créant une vie emplie de douloureuses fausses notes. Je ressens à ce moment-là un vide sidéral à m'en donner le vertige.

Je m'éveille donc progressivement à ma vérité propre mais je me sens très seule dans mon éveil à cette période. Je passe beaucoup de temps à prier, dès que j'ai du temps libre, je prie. Je prie partout, dès que je suis seule, dans mon salon je m'agenouille, aux toilettes, dans mon lit.

En prière je ne suis pas seule, je suis comme reliée à tout ! N'étant pas en prière H24 en mode religieuse, ma conscience me rappelle à ma petitesse de moldu toute seule et séparée de tout mon monde. Lorsque je suis seule physiquement je suis en paix et complète mais accompagnée je me sens seule et vide, big paradoxe qui me fait souffrir. En fait je me sens bien mieux seule qu'accompagnée à ce moment-là.

Et si je m'étais créé un monde en réponse à mes blessures plus qu'à ce à quoi j'aspire ? Ces blessures, quelles sont-elles ? Suis-je prête à les voir, à les vivre ?

Balle en plein cœur qui commence doucement à saigner.

Un jour j'émets une requête particulière ! Je me donne entièrement à la vie, j'émets mon désir profond quant à servir la vie, à servir l'amour et plus rien d'autre n'a d'intérêt. Je demande de l'aide ! J'ordonne à l'Univers qu'il m'envoie quelqu'un qui pourra m'aider à distance en cette période de pandémie, limitant les interactions physiques. Peu importe comment mais à distance, que cette personne vienne à moi et m'aide à comprendre qui je suis pour que je puisse enfin me déployer pleinement.

Une première interaction avec une médium que je suis depuis quelques temps sur les réseaux par visio conférence sera un premier interrupteur déclencheur de la réalisation de certaines vérités sur moi dont j'ai bien conscience mais que j'avais jusqu'alors du mal à avouer. Elle décrit un portrait de moi comme si elle me connaissait mieux que moi-même ! Il semblerait que je sois une vieille âme, avec beaucoup de savoir, de sagesse et de capacités qui ne demandent qu'à être réveillées.

Elle me dit que je suis dans une phase transitoire où j'acquière un bagage, une base de connaissances mais que je vais créer mes propres soins. Je suis une autodidacte qui prend ce dont elle a besoin et qui a besoin d'être stimulée intellectuellement.

J'ai la capacité de créer du mouvement au niveau de l'âme chez les autres en apportant du changement. Et cela passera par le corps, l'énergie, avec les soins pour atteindre l'âme, ce qui me fera grandir en même temps. Elle me demande de faire confiance à mes ressentis car « en haut » c'est déjà ouvert chez moi, elle me parle de travailler l'ancrage avec plus de conscience sur l'instant présent et par le contact avec la nature, avec qui je suis déjà très en adéquation. Elle évoque le fait de vivre en spiritualisant la matière et me dit que j'ai déjà commencé et vais davantage développer ma clairvoyance et que par le soin je vais m'ouvrir à d'autres choses.

J'arrive à un moment charnière de fin du travail à soi et de début aux autres par l'accompagnement. Elle me dit, et Dieu sait que cela résonne fort en moi, que je suis en décalage par rapport aux autres, que je comprends plus vite avec toujours un train d'avance. Et que la plupart sont toujours en recherche de ce que moi j'ai déjà compris. (c'est fou exactement ça, je me suis souvent, à cause de ça demandé si je n'étais pas folle !)

Elle me conseille de créer mon propre groupe car je serais une meneuse qui connait déjà « la maison » par cœur et me parle de conduire les autres à leur propre Christ en eux pour qu'ils soient alignés à leur tour.

Elle me dit ensuite d'arrêter de lire des choses sur le développement personnel, (tiens c'est drôle j'ai souvent eu l'impression de perdre mon temps en entamant certaines lectures qui m'ennuient par le caractère évident de ce que je lis et que parfois je ne termine pas.) pour moi le travail est déjà fait.

Le soin énergétique n'est pas une fin en soi, c'est une phase transitoire pour grandir et je suis sur la bonne route. Je serais une âme « Métanova », du futur qui apporte le changement à l'humanité.

Elle parle de moi sans conteste, bien évidemment mais l'entendre d'une parfaite inconnue me fait ranger mon surplus d'humilité au panier par l'évidence qu'elle est dans le juste et qu'en me déployant davantage je ne ferai d'ombre à personne.

Me voici éprise d'une soif d'apprendre intarissable sur tout ce qui touche au paranormal. Je dévore livres et vidéos sur des sujets qui en amènent d'autres : Hypnose, expérience de mort imminente, sortie de corps, médiumnité, bilocation, guérison, guides, anges gardiens, réincarnation, géobiologie, etc, etc….

Dans la même période, je sens de plus en plus des vagues d'énergie me traverser, en tout cas j'y prête beaucoup plus d'attention. Notamment lors des soins énergétiques que je commence à prodiguer de par ma formation. Je commence à recevoir des personnes à mon domicile et je découvre de plus en plus mes facultés à canaliser de l'énergie cosmique et terrestre.

Je pratique davantage la méditation et le yoga qui accentuent mes ressentis de clairvoyance, clairaudience, clairsentience par la conscience accrue que je pose sur mon corps physique.

Je commence aussi à canaliser des textes en fonction de ce que je vis comme sortis de nulle part. Tous semblent sortis tout droit d'une évidente certitude, la vérité de mon cœur. Il me suffit de poser mon attention sur un sujet, une personne, un élément de la nature pour voir les mots défiler dans ma tête et le besoin irrépressible de les retranscrire.

Je commence aussi à voir les programmes inconscients des gens autour de moi, je lis en eux et commence à comprendre pourquoi ils agissent de telle ou telle manière. En fait j'ai toujours eu cette faculté mais je m'en servais pour me faire intégrer, me faire aimer en répondant à leurs attentes et répondre à leurs besoins. Je me voyais à travers le regard des autres, oubliant que moi-même j'existais en tant qu'être humain avec des envies, des besoins, des préférences.

Tout ce fonctionnement dans cette manière d'être ne me permettait pas de me voir telle que je suis, j'étais trop pleine « d'absolu », j'étais l'autre, débordante d'empathie à m'empêcher de vivre ma vie, nourrissant à foison les autres à donner plus que de raison, à sacrifier le relatif que je suis et qui a besoin de s'incarner avant tout pour se déployer pour qui elle est, en vérité.

Jusqu'à oublier d'exister en tant qu'être humaine avec ma propre personnalité, mes propres facultés et besoins, je me sous estimais, ne me croyant pas capable de me déployer pleinement en tant qu'être unique et créateur. A devenir caméléon pour ne pas être rejetée, je manquais cruellement de personnalité, ce qui créa en moi un déséquilibre à m'en rendre malade, tout d'abord par des crises de coliques épathiques me valant l'ablation de la vésicule biliaire, puis quelques années plus tard une crise de nerfs à tout casser, mon corps parlait avant ma tête ne supportant plus cette pression d'oublie de ce qu'il est venu incarner avant tout !

Un être d'amour venu transmettre l'amour en se déployant dans la matière par les intensités de l'expérience terrestre afin de transmettre abondamment, sans limite l'amour qui guérit ! celui qui voit tout avec beauté, douceur et bienveillance !

Des thérapeutes vont entrer dans ma vie et m'aider dans cette grande quête de découverte de qui je suis. La vie m'amènera sur un plateau les bonnes personnes au bon moment et c'est sans conteste la rencontre de Sébastien Socchard, thérapeute clairvoyant, qui contribuera à la grande libération de l'être en moi enfoui sous une grande couche de peurs, de doutes et d'histoires. Sa rencontre va progressivement m'aider à me libérer du mensonge pour enfin me voir telle que je suis. Grâce à lui et d'autres, j'apprends davantage à augmenter mes vibrations et accéder à ma vérité. Je découvre petit à petits de quoi je suis capable.

5. Déconstruire pour pouvoir reconstruire

Après mon acte d'abandon, la vie a répondu à mon souhait de servir en me libérant de tout ce qui ne me correspondait plus. C'est un acte lourd de conséquences car il a bouleversé ma vie, même si je ne peux que m'en féliciter aujourd'hui.

La matière vibre beaucoup moins vite que l'astral, il faut donc du temps pour que la matière s'ajuste au changement de la réalité invisible, intérieure.

Les changements extérieurs ne se font pas toujours de manière spontanée, surtout que mon niveau de conscience s'est mis à augmenter progressivement. Une part de moi souffrait encore tellement qu'elle a mis du temps à assumer pleinement le désaccord entre ma réalité et ce à quoi j'aspirais.

Ne décidant pas d'acter le changement en conscience, c'est le niveau du dessus, celui auquel je m'en suis remise qui a pris les commandes en réponse à mon désir d'alignement, de servir la vie.

Mon corps a donc littéralement pété les plombs à travers la survenue d'une grosse crise de nerfs à tout casser, me faisant dire à mon ex-mari ma décision de le quitter.

Lui n'acceptant pas cette décision, me voici littéralement coincée dans un ménage que je n'arrive pas à quitter par manque de moyens matériel et certainement manque de courage. La vie a encore une fois acté ce changement plus que nécessaire en mettant le feu à ma maison. Un incendie ayant pris sa source dans mon réfrigérateur, le genre d'incident qui n'arrive jamais personne, et qui reste un mystère, même pour les experts mandatés pour ce dossier. Cela actant un terme à ma carrière d'assistante maternelle, ce qui m'a permis par la suite de lancer mon activité de thérapeute énergéticienne, et de trouver un autre logement pour quitter ce foyer devenu enfermant, insupportable et irrespirable tellement je m'étais soumise au rang de femme objet au service de, résolue à vivre pour les autres, oubliant mes propres aspirations de femme amoureuse.

Energétiquement prête à vivre de manière plus alignée à ma vérité, tout autour de moi s'est comme magiquement ajusté progressivement.

6. J'existe

Après avoir intégré la dimension d'amour dans ma vie, dans toutes les cellules de mon corps, ma vie entière s'est équilibrée naturellement selon mon existence propre d'humaine responsable qui vibre amour et qui est capable de penser par elle-même.

J'ai le sentiment profond d'avoir trouvé l'équilibre et l'assurance que je suis capable de diriger ma vie selon ce à quoi j'aspire. Je m'active pour répondre à mes désirs principalement, non plus par obligations. Je trouve du plaisir dans tout ce que je fais et si ça n'est pas le cas, je revois mon positionnement.

Je suis venue spiritualiser la matière, j'ai le pouvoir sur toute ma vie et j'ai toujours le choix.

Ce que j'en comprends aujourd'hui c'est qu'il s'agit de mettre de l'amour partout. Transformer ce qui a été dénaturé de son origine par l'appât du gain ou à cause des peurs de l'esprit conditionné.

Aujourd'hui j'ai transformé le faire pour le gain ou l'éviction de peur par le faire par l'envie inconditionnelle du cœur.

Selon moi, matérialiser la spiritualité est du ressort du Dieu créateur informe, spiritualiser la matière est du ressort de l'homme sage et conscient fait de Dieu. Un juste équilibre.

L'homme inconscient ne sait ni d'où il vient, ni où il va, il ne peut qu'être seul, apeuré et souffrant, il ne peut qu'errer égoïstement dans les méandres de la vie, se méfiant de tout ce qu'il croit extérieur à lui, qu'il ne connaît pas, qu'il est difficile pour lui de savoir ce qu'il veut étant ignorant de sa nature Divine et Sacrée.

Puissent tous les hommes s'ouvrir leur propre Christ intérieur, autrement dit à leur cœur, pour devenir des êtres à l'Esprit aligné à leur Divinité.

7. Je suis responsable

En acceptant de voir l'invisible, je ne pourrai plus dire que je ne sais pas. Je deviens alors responsable ! Je fais le choix de jouer une partie humaine matérialiste avec les règles de Dieu. Je fais donc le choix d'accepter ces règles et d'assumer toutes les conséquences de ce que je choisis de vivre ici-bas. Je choisis d'user de mon pouvoir infini ! Tout en sachant qu'il n'y a plus de tolérance pour ceux qui savent et qui voient. Le hasard n'existe plus.

Aujourd'hui je retrouve naturellement et en douceur l'utilisation de mes facultés spirituelles, mes sens subtiles en mon être incarné au fur et à mesure que j'avance. Et ce afin qu'elles soient paisiblement réintégrées sans peurs, au risque de me voir les bloquer définitivement dans cette vie ci.

Chaque âme a un vécu, une histoire, un bagage muni de blessures, de savoirs, d'intégrations diverses et variées. Lorsqu'elle reprend vie dans un corps, sa mémoire est comme formatée dans l'incarnation du personnage qui se verra naître dans un environnement créé minutieusement selon son état d'évolution à l'instant T. Il n'existe pas de favoritisme, défavoritisme, tout n'est qu'évolution par l'expérience et selon le degré d'ouverture au changement que cela implique.

Chacun avance au rythme qui lui est propre, chaque individu est unique même si tout est conduit par le même moteur amour.

Lorsque je deviens responsable de toute ma vie, alors le hasard n'existe plus. Je sais que tout a une raison d'être qui est forcément bonne pour moi. J'avance avec foi dans la vie, j'ai confiance et tout me parle. Mon corps me parle, mon environnement, les gens autour de moi, les évènements. Je suis à l'écoute, je prends en compte ce que me dit la vie, l'invisible, les rencontres, les synchronicités.

8. Le couple sacré

Mon Saint Graal c'est, l'expérience du couple sacré. L'équilibre que j'ai trouvé en moi m'a permis de rencontrer Vincent, l'homme avec qui je partage ma vie aujourd'hui. L'homme de ma vie, mon grand Amour.

Une reconnexion dans le relatif à ce que je suis fondamentalement. Une reconnaissance à travers lui de ce que je suis. L'évidence, c'est comme si nous nous connaissions depuis toujours et toutes nos expériences passées nous ont permis d'attendre le bon moment pour nos retrouvailles. L'amour intense partagé en couple est le meilleur moyen, à mon sens de manifester l'amour ici-bas. C'est l'amour qui permet de guérir beaucoup de blessures car nous vivons tous les deux dans un haut niveau de conscience qui permet la transparence, l'authenticité et l'honnêteté envers l'autre, envers soi.

On se comprend tellement que nous pourrions presque nous abstenir de parler. Nous passons de longs moments à se regarder droit dans les yeux avec la conscience de la profondeur des informations qui passent entre nous bien au-delà de la parole, de l'aspect visible. Ensemble nous ne formons qu'un. D'où ce sentiment unique dans le relatif de « pas assez » même lorsque nous sommes ensemble. Et lorsque nous sommes séparés, nous ressentons l'autre. Vivre en couple sacré est le moyen le plus efficace, à mon sens de garder l'équilibre et un haut niveau vibratoire. C'est celui qui permet de manifester et de célébrer tous les aspects de l'amour incarné. C'est celui qui permet le mieux de se connaître, même s'il en existe pleins d'autres.

9. La séparation

Chaque séparation, même courte, est un vrai déchirement. Un matin, en partant au travail, mon chéri me demande : "pourquoi la vie nous sépare-t-elle autant ?"

Toute souffrance prend sa source dans l'expérience de la séparation.

Dans l'absolu, avant de naître, nous baignons tous dans l'absolu, ne formant qu'un avec Dieu, le grand tout. Notre âme est issue de l'âme du monde.

Notre âme individuelle est un rayon émanant du grand soleil appelé Dieu, la Vie, l'Univers, le Grand Tout, l'Intelligence Suprême... elle devient âme individuelle à partir du moment où elle s'incarne. C'est un esprit incarné. Le principe d'incarnation nous sépare de notre nature profonde donc de tout, pour pouvoir justement faire l'expérience de la vie, de l'amour. Dans l'absolu nous ne faisons l'expérience de rien du tout, tout est concept, nous sommes ; point.

L'expérience du relatif, pour pouvoir jouer pleinement le rôle de notre personnage nous fait oublier qui nous sommes, sinon cela n'aurait aucun intérêt et nous n'aurions absolument pas envie de jouer. Ce qui est souvent le problème des personnes trop dans l'absolu justement pour qui l'expérience de la séparation, étant trop difficile et sans intérêt n'ont pas envie de jouer et refusent leur incarnation.

Accepter l'expérience de la séparation permet d'accepter de profiter pleinement de l'expérience de l'amour.

Accepter l'expérience de la séparation = dire oui à la vie = avoir conscience qu'après l'expérience humaine on se retrouvera car en vrai nous ne sommes pas séparés.

En acceptant de jouer à la séparation, j'incarne pleinement mon corps, je m'autorise à investir pleinement mon rôle ici-bas quelles qu'en soient les circonstances. En trouvant l'équilibre entre absolu et relatif et cela se passe au niveau de l'ouverture de mon cœur, je ne souffre pas, même des pires circonstances, j'accepte tout.

Ou plutôt en acceptant pleinement de vivre la souffrance sans y résister, je ne la retiens pas, je la vis et je passe à autre chose, je ne m'attache pas à l'expérience, je ne me l'approprie pas, je ne m'y identifie pas. Quand je suis dans l'équilibre j'accepte de vivre toutes les expériences, je ne filtre rien et j'y prends goût, découvrant mon pouvoir dans toutes les situations.

Accepter de vivre c'est ne pas s'attacher à l'expérience sinon je la retiens, accepter de vivre c'est me laisser imprégner de l'expérience en me laissant la vivre pleinement, en la laissant me traverser intensément ainsi que toutes les conséquences attenantes. Plus j'accepte l'expérience, plus mon corps va réagir et c'est ok car mon corps devient l'expérience.

Alors oui mon chéri, si la vie nous sépare c'est pour vivre pleinement l'expérience de l'amour. Je sais que quoi qu'il en soit nous sommes Unis même séparés et cela me sécurise et me permets de ne plus avoir constamment peur de la séparation. Nous vivons pleinement l'inconfort que cette séparation nous procure en pleurant comme des bébés, pour profiter ensuite pleinement de chaque moment présent sans peurs. Même si physiquement nous ne sommes pas toujours ensemble, c'est pour aussi mieux fêter nos retrouvailles ! Chaque retrouvaille est une vraie fête, une reconnexion, une redécouverte !

Vivre détaché du principe de séparation permet de profiter pleinement de la vie, il nous permet d'évoluer en confiance. Si j'ai confiance en moi alors j'avance avec sûreté et la conscience que les "autres moi" n'ont pas tous atteint cet équilibre car gouvernés par leurs peurs. D'où l'importance de bien choisir ses partenaires selon ce à quoi nous aspirons.

Lorsque j'ai le cœur ouvert, il m'est possible de tomber amoureuse très facilement mais contrairement à ce qu'on m'a dit, l'amour est loin d'être suffisant pour vivre l'épanouissement du couple sacré. Le discernement a toute sa place dans le choix d'un partenaire qui me correspond pour être heureuse. Le secret des couples épanouis c'est la correspondance des corps, de l'intelligence de la tête, du cœur et émotionnelle. Malheureusement quand je suis dominée par mes peurs, ce sont elles qui l'emportent sur mes choix pour arriver à les transcender justement. Si je ne trouve pas le moyen d'ouvrir mon cœur et de trouver l'équilibre en moi, la Vie me fera tomber au plus bas pour ouvrir ma conscience sur ma responsabilité dans ma vie. Tant que je me positionne comme victime des autres, du monde, alors j'en serai victime et je me crois dépendant de tout. Le jour où je réveille ma conscience alors je reprends mon pouvoir d'être et tout change.

10. L'ouverture de conscience

L'ouverture de conscience passe forcément par la mort de l'égo. L'égo c'est ma tête, mon mental, mon intellect, mon personnage, qui je crois être, l'histoire que je me raconte car c'est ainsi que j'ai été conditionnée petite. L'égo est une construction. Lorsque quelqu'un est dominé par ses pensées incessantes, il n'incarne pas pleinement son corps, il vit dans son esprit souvent détaché de son corps, ce qui le rend inconscient de la réalité, c'est le cas de peut-être plus de 80% de la population sur terre. Même s'il est capable de vivre sur terre, il subira beaucoup à cause de son manque de conscience et de la croyance qu'il n'a pas de pouvoir sur sa vie. L'ouverture de ma conscience se réalise lorsque je réalise ma véritable nature, c'est la réalisation du Soi. Elle se fait lorsque l'égo disparaît. Elle peut se produire de multiples façons. Il existe même des techniques pour la provoquer en modifiant les ondes cérébrales et en augmentant ses vibrations : la méditation, la prise de psychotropes, des techniques de respiration, corporelles, l'écoute de certains sons et musiques, les soins énergétiques…

Elle peut aussi être provoquée de manière spontanée à travers des évènements de vie : avec la survenue de chocs intenses voir violents émotionnels par la séparation, le deuil, une rencontre amoureuse, mais aussi par le biais de chocs physiques avec des accidents, des maladies, des expériences de mort imminente, voir des miracles, des réalisations soudaines…

Et même lorsque l'âme quitte momentanément le corps, mettant l'évidence sous le nez des hommes, certains feront encore le choix de nier l'évidence. Nous avons toujours le choix.

Car lorsque l'on prend la voie de la conscience, nous ne pourrons plus jamais dire que nous ne savions pas. Nous devenons responsables de toute notre vie, de tous nos choix.

11. L'équilibre

C'est la clé selon moi pour une vie heureuse et alignée. Cet équilibre peut être fragile si je n'ai pas trouvé la stabilité en moi qui me permet de faire les bons choix, de poser des actes dans ma vie en réponse à un désir profond hors de mes limites d'humaine enfermée dans un corps et une psyché apeurée.

Comment garder cette stabilité ? En posant le plus possible de la conscience sur mes agissements pour qu'ils soient bons pour moi. En ayant une bonne alimentation, un bon sommeil, un bon cadre de vie, en prenant soin de moi, en me respectant le plus possible, en donnant de l'amour autour de moi, en acceptant d'en recevoir, en écoutant non plus mes pensées manipulatrices mais mes besoins profonds, en sortant du jugement pour accueillir ce qui est. L'équilibre demande un effort et une discipline constants, il se mérite. Il s'offre à soi à chaque instant. Lorsque je fais le choix de l'amour alors je réponds à ce choix par des actes de respect de moi, des autres.

Lorsque je cultive le champ de l'équilibre, alors je donne les meilleurs fruits, je suis un cadeau pour le monde. Je me nourris car c'est naturel, j'accueille tous les cadeaux, et je donne sans compter car c'est ma nature de donner en tant qu'être de nature, dans le respect de qui je suis. Si je suis un poirier je donnerai des poires, qu'elles soient mangées ou non, cela m'importe peu ! si personne ne les mange, elles nourriront la terre et ce n'est pas mon problème. Et je ne chercherai surtout pas à donner des pommes !

12. Je ne veux pas grandir

Lorsque j'étais enfant, je ne voulais pas grandir. Être adulte cela avait l'air si compliqué, tellement sérieux et triste. J'avais l'impression que la responsabilité d'être un adulte me serait insurmontable, si bien que je peinais à voir mon corps se transformer à l'âge de l'adolescence. J'ai eu beaucoup de mal à accepter de voir mon corps d'enfant devenir celui d'une femme. Les adultes projettent tellement d'attentes sur les enfants, ils en oublient de les laisser être et les font grandir beaucoup trop vite. Laissons les enfants être des enfants ! Laissons les enfants jouer ! Jouons avec eux plutôt que d'en faire des mini adultes beaucoup trop tôt ! sous prétexte que la vie est dure et qu'ils doivent se soucier de leur avenir ou pire de l'avenir de leurs proches. Ce sont leurs peurs que les adultes transmettent à leurs enfants.

Un enfant a juste besoin d'attention, il doit se sentir compris et accompagné dans ce qu'il est.

Cessons de les brider, laissons-les se découvrir, se déployer sans vouloir absolument les modeler sous prétexte qu'ils doivent absolument rentrer dans le moule pour soi-disant leur bien, pour leur faciliter la vie. Bien sûr qu'ils rentreront bien souvent dans le moule ! Mais à quel prix ! Au prix de ne pas savoir qui ils sont et de se construire une vie de souffrance qui ne leur correspondra pas. Au prix de subir une activité professionnelle toute leur vie les conduisant droit au burn-out où à l'errance professionnelle juste parce qu'il faut manger, se loger. Au prix de leur dignité à se soumettre à de mauvaises rencontres, à vivre des abus de toute sorte, au prix de répondre aux attentes de tous car ils ne connaissent pas leurs propres besoins. Au prix de leur sacrifice, ne se sentant pas exister pour ce qu'ils sont vraiment ! Au prix de leur anesthésie générale !

Lorsque j'étais enfant, dans le fond je connaissais mon pouvoir, je me suis faite la promesse de toujours me rappeler que la vie était un jeu. Parfois je l'ai oublié, aujourd'hui je m'en rappelle très bien et j'ai à nouveau toujours très très envie de jouer ! Rien n'est acquis, tout passe !

13. Le contrat de loyauté

Déçue par les promesses non tenues d'autrui, victime de trahison et de mensonges, je me suis promise à un moment de mon adolescence, d'être une personne fiable et loyale sur qui les autres peuvent compter. J'ai posé une valeur importante sur ma loyauté envers les autres, à en juger sévèrement ceux que je qualifiais d'instables, les tenant très loin de moi.

Bien sûr, la loyauté cela a fait de moi une personne de confiance sur qui l'on peut compter, mais cela m'a aussi et surtout enfermé à outrance dans une belle prison dorée, victime de mon manque de confiance et de mes peurs. C'est un point sur lequel je travaille encore, ce schéma de fonctionnement est vu et démasqué mais me dessert encore sur le plan relationnel.

J'ai souvent encore tendance de prime abord, à voir l'autre comme un ennemi capable de me trahir, infidèle, il s'opère alors en moi tout un casting, repérant et jugeant sévèrement les dissonances chez les autres, souvent très nombreuses, clairvoyant toutes leurs incohérences.

Mais mon intolérance est beaucoup plus souple aujourd'hui, ayant énormément gagné en confiance, j'ai acquis beaucoup de compassion en instaurant une barrière « pro » en accompagnent les personnes avec ma casquette d'aidante. Même si je reste encore très sélective sur qui je laisse m'approcher dans l'intimité.

Intolérante ? Exigeante ? Peut-être mais cela n'est-il pas de l'amour que d'aller vers les personnes bonnes pour moi ?... J'ai tout de même l'intime conviction que ce mode de fonctionnement me crée du tort, passant sans doute à côté de belles expériences de partages nourrissantes.

Il me semble évident maintenant que cette manière de fonctionner prend sa source dans l'ignorance dont je faisais preuve sur tout l'aspect émotionnel qui m'animait. Je l'explore encore et j'apprends beaucoup en posant de la conscience sur mes ressentis et ce qui se cache derrière. Une remise en question permanente non plus des autres, mais de moi-même me permet de plus en plus de modifier le cadre que j'ai posé il y a longtemps en en assouplissant les contours, les modelant à souhait. Mes besoins d'hier ne sont plus ceux d'aujourd'hui. J'accepte de le voir et d'acter des choix en conséquence, quitte à rompre des promesses oui ! La seule promesse que je fais aujourd'hui est celle de me respecter.

Chacun évolue et heureusement, et a le droit de changer d'avis, de se remettre en question, parce que à chaque instant, tout bouge, tout change. C'est le mouvement éternel, perpétuel de la vie, le fluide qui s'écoule de manière incessante.

Chaque remise en question nécessite d'ajuster ses agissements et c'est normal ! Maintenant j'ai envie d'un café, peut-être que dans dix minutes, je n'en aurai plus envie, ou que j'aurais envie d'autre chose. Après, est-ce que je réponds à cette envie au moment où j'ai saisi cette information et je savoure pleinement la jouissance que répondre à cette envie me procure ?

Et si, parce qu'affairée sur le moment, je bois ce café plus tard, juste à cause de l'attachement à ce souvenir d'en d'avoir eu envie mais qu'en réalité je n'en ai plus envie, aura-t-il la même saveur ?

Les envies et les besoins changent à chaque instant. En répondant par envie plutôt que par obligation, alors je le fais avec plaisir, et cela change tout. Les conséquences n'auront pas du tout la même portée. Soit je me force, ce qui crée de la rancœur ou de l'écœurement, soit je le fais par envie et me donne entière satisfaction. En faisant les choses par force, je bloque l'énergie et je ne donne rien de bon de moi, je fais semblant consciemment ou non, et je refuse de recevoir ce que je donne par force et que je n'ai pas vraiment envie de donner.

En faisant par envie alors je me donne entièrement à l'expérience et je ne reçois que satisfaction, hors d'attentes j'accueille tout, en plus du prévisible, je reçois de la reconnaissance et des cadeaux !

Il est temps de bannir chaque « contrat » avec l'extérieur, l'heure est à s'écouter pour être juste envers soi, envers les autres. Je ne cesse de le dire mais je n'ai aucun pouvoir sur les autres, le seul et unique pouvoir que j'ai et c'est le plus grand qui existe, c'est sur moi-même et ce que j'admets ou non, mes envies, mes besoins. Et y mettre de la conscience m'aide à comprendre comment je fonctionne et le pourquoi de ce que je laisse entrer en moi, dans ma vie.

Ce mode de fonctionnement amène du juste dans le monde, il corrige clairement, par voie de conséquences des fausses notes autour de moi. En agissant sur moi, j'agis sur le monde. C'est le meilleur moyen d'œuvrer, le plus efficace, le seul qui existe. Encore une fois nous ne sommes pas responsables du bonheur et du malheur des autres !!! Seulement du notre.

Un contrat, ce peut être aussi une croyance que je me suis, souvent inconsciemment, promise d'honorer. Une étiquette posée durant l'enfance, par mes parents par exemple, de celui ou celle qui est gentil(le), timide, qui ne fait pas de bruit, celui ou cel(le) qui est incapable, qui ne sert à rien, qui ne mérite pas, qui n'est pas digne d'amour, qui aura de l'amour s'il agit selon ce qu'on attend d'elle, de lui, la fameuse récompense, le bonbon, etc.… voyez les dégâts !

C'est parfois utile et noble de s'attacher mais il y a des circonstances envers lesquelles user de souplesse est bien utile et porteur ! La loyauté a ses limites ! Ne laissez pas les autres vous forger une image à laquelle vous devez répondre.

Il est primordial, pour savoir qui l'on est réellement de trouver sa boussole interne en se connectant à son cœur ! En détournant son regard des autres pour le tourner enfin vers soi ! ça changera toute votre vie !

Un mode de fonctionnement peut changer, cela commence par modifier le langage car le verbe est créateur ! Lorsque vous dites, « ça a toujours été comme ça ! », « J'ai été éduqué comme ça ! », « je suis comme ça ! », « c'est parce que j'ai été trahi… », vous démontrez clairement votre attachement à un contrat implicite qui est en vous, vous continuez à l'honorer. Exprimez plutôt votre volonté de changer ! Et cela marche à tout âge ! Il n'est jamais trop tard pour changer, tout comme il n'est jamais trop tard pour rencontrer l'amour ! Evidemment !

L'expérience de l'Amour

Textes canalisés

L'expérience de l'Amour

1. Qui suis-je ?
Connaissance de soi

Je suis dans ce monde mais JE ne suis pas de ce monde,
Je vois de belles choses, JE vibre ces choses,
J'entends des paroles, JE sens la vibration de chaque mot,
Je mange des bons plats, JE savoure chaque aliment,
Je suis spectatrice, JE suis actrice,
Je suis timide, JE danse, chante, ris, joue, crie, ose,
Je me maltraite, JE prends soin de mon corps, miroir oh mon beau miroir !...
Je me prends au sérieux, JE ne donne de l'importance qu'à mes envies,
Je dis oui ou je dis non, JE choisis,
Je subis, JE crée,
Je n'ose pas, JE m'en fous,
Je m'enferme, je subis, JE suis libre, JE me respecte et JE m'aime,
Je suis victime, JE suis souveraine,
J'observe, JE suis
Je incarne une personne, JE suis toi, JE suis nous, JE suis tout,
Le je dans le JE, le je au service du JE.
Aujourd'hui JE choisis d'être JE, je ne suis que l'instrument du JE, jamais loin, toujours présent, prêt à se défendre et aux aguets si besoin mais oh combien source de difficultés et de souffrances.
Aujourd'hui JE prends soin de moi,
Et toi qui es tu ?

xxxx

En quoi je crois ?
Je crois que je suis à l'image de mon âme.
Je crois en la science pour qui tout est logique et tout s'explique. Le fonctionnement de la nature est par nature scientifiquement prouvable et explicable.
C'est parce que je crois que tout s'explique que j'ai foi en la vie et en sa capacité abreuvante, nourricière et avec justesse, raison et honneur.
Et car ce que je suis ici-bas maintenant est le résultat visible de tout ce en quoi je crois, je crois que ce que je suis est parfaitement explicable et logique.
Je crois que sous chaque couche de souffrance, je maintiens en otage une part d'amour que je me refuse.
Et je crois que cela dans le seul et unique but de m'en libérer pour retomber en amour avec moi, le grand moi, selon des milliards de différentes combinaisons possibles que cela permet de vivre.
Je crois que derrière chaque libération, j'ôte des milliers de barrières dans le monde, permettant ainsi à d'autres de goûter les bienfaits de la mise en lumière que la clarté permet simplement.
Je crois que je suis seule et unique responsable de mes choix et que moi seule peut décider de me guérir en m'allégeant des parts qui m'encombrent à chaque instant et que j'ai besoin des autres pour cela.
A chaque abandon à ce qui est, je vais créer vibratoirement, voir jusqu'à physiquement quelque chose de nécessaire à d'autres libérations. Et plus je vais être dans l'abandon, plus je serai légère et détachée, moins j'encombrerai l'espace de futilités empoisonnantes.
Et plus je vibrerai fort, plus j'aurai d'impact sur la matière car ma force créatrice, destructrice dépendra de la force de mon esprit qui dépend de la hauteur de ce qu'il capte et modélise

puissamment avec efficacité, de par ses fortes vibrations reliées en son centre, poumon de vie pulsatile.
Je crois que je suis l'unique conscience qui me permet de tout savoir, expérimenter, créer, mais chaque filtre m'a permis de l'oublier un peu plus pour savourer le goût de la découverte par les sensations.
Je crois que je ne sais rien d'autre que ce dont je fais l'expérience dans ma chair.
Peur de disparaître dans l'oubli,
Joie de (re)découvrir qui je suis.
Je crois qu'il n'existe qu'une seule âme, divisée en moi d'autant de facettes possibles en ce monde.
Je crois que je suis tout
Je crois que C'est à travers moi.
Je sais. Ça sait ! C'est !

xxxx

Existe en ce monde

Qu'y a-t-il après ? Question existentielle du commun des mortels.
T'es-tu simplement déjà demandé "Qu'y avait-il avant ?"
Pourquoi l'homme a-t-il si peur d'où il va sans se demander d'où il vient ?
Qu'a-t-il peur de découvrir ?
Et si la véritable peur n'était pas de se voir disparaître mais de vivre éternellement ?
L'ego craint inévitablement de disparaître sinon il ne pourrait pas jouer pleinement son rôle. S'il savait tout, aucune leçon ne pourrait être apprise. Il se retrouverait au point de départ et à l'arrivée à la fois. Pourquoi jouer ?
Ce qui rend la partie intéressante ce sont les en jeu et les découvertes par le ressenti, les sens. C'est la profondeur de

la joie, l'excitation de la découverte, l'envie de gagner, l'allégeance de la tristesse, l'enseignement de la déception, la résilience de ses limites et faiblesses, la force et l'influence de ses capacités.

C'est l'intensité du mouvement dans la partie du jeu qui la rend intéressante.

Si je refuse de jouer en intégrant pleinement mon personnage, alors je reste sur la touche et je n'avance pas, prenant le risque de perdre par forfait et de recommencer une nouvelle partie, allongeant davantage ma souffrance, et ce à l'infini.

J'apprends en laissant la vie me traverser.

Je me réjouis de de me rencontrer de 8 milliards de façons différentes.

Derrière chaque libération, je m'allège d'un poids et j'allège également mes semblables, même si je n'en ai pas conscience.

L'homme a pour conscience ce qu'il expérimente par ses sens, c'est comme cela qu'il apprend. Il ne sait donc pas d'où il vient, pour faire pleinement l'expérience de son existence. Puisse-t-il oser s'y abandonner pleinement.

L'homme éveillé incarne également ses sens subtils. Tout a été vécu dans sa chair. Il vient effacer des mémoires ancestrales pour libérer les souffrances qui n'ont plus lieues d'être. Déroulant le tapis rouge pour voir l'amour dérober ce monde endolori de ses blessures.

La peur est l'ennemi numéro un impactant tous les êtres incarnés pour les freiner dans leur évolution.

Que découvrirait l'homme qui naviguerait consciemment entre tous les mondes ?

Il verrait qu'il ne meurt pas.

Il verrait qu'il doit apprendre par l'expérience pour intégrer le savoir.

Il verrait que le hasard n'existe pas.
Il verrait qu'il est l'unique responsable de sa vie, que sa vie extérieure est le parfait reflet de sa vie intérieure.
Il verrait sa puissance créatrice.
Il verrait qu'il est son propre juge.
Il verrait qu'il n'est jamais seul.
Il verrait la puissance de l'amour.
Pourquoi on ne me l'a pas dit avant ?
Parce que je ne l'aurais pas cru
Pourquoi je vous dévoile ce secret ?
Parce que vous ne me croirez pas tant que tout n'aura pas été vécu pleinement dans vos trippes. Bien qu'une seule vie suffise.
Laissez-vous vivre pleinement, aussi difficile cela soit-il. Nombreux êtes-vous venus aujourd'hui effacer de très lourds karmas pour embellir davantage ce monde, clarifiant le passage pour laisser passer l'amour, le laissant œuvrer à travers ce corps.
Vous retournerez inévitablement d'où vous venez, mais vous aurez aidé à embellir le monde, vous laissant porter encore plus haut. Pour voir clairement diminuer le volume des peurs, fléau de ce monde, origine de la souffrance.
Avec Amour.

xxxx

Le cœur sait ce que la raison ignore.
Le cœur voit, entend, ressent, il sait ce que la tête cherche.
La voix de la raison criera toujours des preuves et des prétextes à l'heure où celle du cœur exprime en silence l'évidence.
La raison ment car il y a pleins de raisons.

La vérité s'exprime dans l'être à chaque instant, elle ne cherche pas à prouver, elle est.
Quand la raison se tait le cœur exprime sa vérité.
Le cœur ne s'exprime que dans le silence pour être entendu.
Fais-toi taire pour voir qui tu es.
Tu es bien plus que ce qu'on t'a raconté, tu es ! Chuuuut, laisse-toi être !

xxxx

Tout est fait depuis ma naissance pour que je m'imprègne d'un rôle en l'incarnant pleinement. Et ce dans le seul et unique but d'expérimenter la vie par des ressentis, des émotions. Ainsi je grandis, j'évolue.
Le plus beau cadeau que mes parents la Vie, m'aient fait c'est l'intelligence ! Elle me permet de faire des choix.
Cette faculté est si puissante, qu'elle me permet même parfois de faire le choix d'oublier qui je suis !
Et si le but de ma vie était de jouer à m'en rappeler, et ce pour créer, à partir de mon essence pure des œuvres tellement imprégnées d'amour qu'elles auraient la faculté d'effacer ce qui encombre et n'a plus lieu d'être en "chaque un".
Pour comprendre qui je suis, il me faut me désidentifier de qui je ne suis pas.
Je ne suis pas mes activités, mon positionnement, ma situation, mes possessions, mon état physique, psychologique... Mon degré d'attachements étant la conséquence de mes encombrements, la jauge visible de mon degré d'emprisonnement ou de liberté.
Je choisis d'être qui je veux être !
Et si j'étais la vie, et si j'étais Amour.

Je ne serai alors plus mes agissements et mes croyances et tout ce que je ferais serait alors Amour !
Vibre haut ! Vibre fort
Quitte à en aveugler les aveugles !
Car l'état même de souffrance est une construction, une voie rapide pour m'alléger plus vite de mes fardeaux, si je fais le choix d'ouvrir les yeux pour voir et accepter la douleur que l'éblouissement procure.

xxxx

Vivre l'invisible pour ÊTRE.
L'ego, le personnage répond à notre inconscient sous tous ses aspects. Il est dirigé d'une manière intelligemment complexe. Gouvernance automatique dénuée de joie ayant pour centre de direction sa tête. Il est incapable de créer quoi que ce soit. Il s'active selon des mémoires et n'a aucune couleur propre.
Ce n'est qu'une insipide copie.
C'est pourquoi les personnes qui vivent principalement dans leur tête ne savent pas qui ils sont.
L'âme, cette partie de moi qui reflète ma véritable nature est consciente. C'est un joyau niché dans l'espace sacré de mon cœur.
Pour guérir de ses blessures profondes, encombrement enrôlé pour s'en libérer, se retrouver en amour et déployer son élan créatif, l'âme a besoin de vivre des expériences pour apprendre des leçons, les transcender et s'élever davantage en sa nature originelle.
C'est en rendant conscient l'inconscient dans son corps, pour comprendre ce qui se joue dans ses tripes, en vivant des émotions, qu'il est possible de se libérer de ses encombrements.

Soit en s'allégeant de l'émotion sous-jacente en la vivant pleinement, soit en la transcendant en vibrant plus haut, plus fort.
La "raison mentale" est un prétexte pour me faire ressentir de l'intérieur vers l'extérieur, pour m'en libérer.
Vivre la transcendance est la conséquence de la connexion à mon espace cœur, joie imminente de l'amour. Le raccourcis vers mon éminence sa majesté qui JE SUIS.
Nous sommes des êtres créateurs avant tout.
Pour me libérer et me déployer, je dois le vouloir, le demander, agir, parfois souffrir quand je résiste, et me tenir prête !
Prête à recevoir les cadeaux de ce que j'aurai fructifié !
C'est alors que la partie du jeu devient intéressante !

xxxx

Être soi, What is that ?
C'est agir par envie, à bas les apparences !
Les apparences c'est tabou, on en viendra tous à bout !
C'est aimer sans condition, l'amour n'est pas une monnaie d'échange, c'est l'essence même de ce qui t'anime, ne retiens jamais l'élan d'amour en toi qui ne demande qu'à jaillir, même s'il ne peut pas être accueilli, il laissera un baume de douceur apaisante, parfumant son allégeant passage subtile.
C'est être à l'écoute de tes besoins, pas de tes manques. Un manque d'affection dans l'enfance laisse des marques indélébiles qui ne pourront jamais être effacées. Seul l'amour infini apaisera ta souffrance et te mettra en joie de te découvrir libre de tes blessures et de tes manques, ce qui n'a pas de prix ! Trouve cet espace d'amour en toi, il est présent dans ton cœur.

Tu peux maintenant être ton propre parent en te donnant l'amour que tes parents n'ont pas su te donner à cause de leurs propres manques.

C'est te respecter en posant les limites de ton territoire pour ne pas être envahi, sinon tu agis par obligation emmagasinant des tensions et faisant de toi une victime.

C'est laisser les émotions s'exprimer à travers toi sans retenue. Les retenir en otage te fait souffrir en te rendant dépendant des parts de toi qu'elles bloquent, ce qui te limite dans le déploiement de ton entièreté.

Tu n'as rien à prouver, personne à venger, ni pouvoir à prendre ou à laisser, chacun étant maître et responsable de soi.

Les richesses extérieures ne comblent pas la pauvreté intérieure. Elles ne font que creuser davantage un gouffre insatiable par les alléchantes et brèves satisfactions alimentant la frustration d'un manque qui en veut toujours plus.

En étant juste dans l'être et non plus dans le faire ou l'avoir, ta vie ne sera plus un combat, elle sera juste pour toi.

Tout ce que tu fais, fais-le pour toi, avec le cœur, les souffrances des autres ne sont pas les tiennes.

Tu offres ainsi au monde une version authentique de toi et le jour où tu y parviens, le jour où tu es toi, sans retenue, sans violence ni résistances, tu seras membre de l'équipe céleste des guerriers de lumières venus diffuser l'amour sur terre.

Exemplaire et humble messager au cœur ouvert déclencheur de l'étincelle libérant le passage de l'amour aux esprits encombrés.

Être soi c'est agir toujours par amour.

Être soi c'est une voie de libération que tu offres aux autres. La joie et la beauté étant l'expression de l'amour, va vers ce qui t'attire, te rend admiratif et te met en joie.

L'expérience de l'Amour

xxxx

La société nous conditionne à ne croire qu'à ce qui est visible, palpable.
Dans sa quête de domination, elle nous vend un bonheur palpable avec des standards dans la possession, le paraître et le permanent.
Ton corps est l'incarnation de ton âme, le véhicule qui te permet de vivre l'expérience humaine, la partie visible de ce qui est caché.
Comment peux-tu croire en toi si tu ne te vois pas tel que tu es mais comme cette perfection inaccessible que tu n'es pas où que tu es temporairement.
Comment être heureux à vie si tu poses la valeur du bonheur dans quelque chose à atteindre, à posséder ?
L'élan de vie bouge constamment, tel le souffle, les battements du cœur.
Et l'interdépendance nous rend sujet à s'adapter sans cesse aux mouvements extérieurs. Comment t'adapter sans souffrir si tu joues un rôle que tu n'es pas en permanence ?
Le bonheur restera une illusion si tu poses son accès en dehors de toi.
La joie du bonheur est une valeur qui est naturellement en toi si tu acceptes de te voir tel que tu es en vérité avec ton propre regard exempt de jugement qui prend sa source dans les rencontres de ton passé.
Tu es naturellement un cadeau pour le monde lorsque tu es toi !
L'amour ne se possède pas, il est et il se vit, il accepte tout !
Tu es venu briller d'un éclat unique !
Cultive cet éclat pur en polissant le diamant que tu es pour l'offrir au monde.

Pourquoi vouloir tailler une pierre pour la changer en morceau de bois ?
Si tu n'aimes pas ce que tu vois car on t'a appris à être différent de ce que tu es, alors tu détournes ton regard pour ne pas te voir.
Ton corps est la clé qui te donne accès à ton âme. Réintègre-le, accepte le pour qu'il redevienne naturellement pur à l'image de ton âme. Même s'il est hors normes !
Tu es hors normes !

xxxx

Pourquoi je continue à suivre des formations ?
Pour apprendre à me connaître davantage et déployer ce qui m'anime profondément à l'aide d'outils et de techniques pour canaliser, transmettre plus aisément.
Le temps de formation est une discipline où je me pose uniquement dans cet état d'esprit de réceptivité et de partage avec l'immense joie de bénéficier de la puissance du groupe.
Pour me nettoyer énergétiquement, notamment en réadaptant sans cesse mes croyances, mes besoins.
Pour aligner davantage mon mental à mon être.
En vrai je n'ai pas besoin de diplôme d'état pour aider ceux qui me sollicitent. Je suis suffisante pour aider les âmes qui me sollicitent.
L'état sans âme ne reconnaît que ce qui le nourrit, bien que je reconnaisse son utilité dans le système actuel selon l'apparent manque de conscience pour qu'il en soit autrement.
Aider les personnes à être libres et heureuses ne remplit pas vraiment les caisses de l'état !
Je me reconnais telle que je suis et je me montre telle que j'ai envie d'être.

Je prends un immense plaisir à suivre des formations que la vie m'apporte sur un plateau et dont j'ai une profonde gratitude pour ceux qui les enseignent, mais dans ma communication professionnelle c'est moi que je mets en avant, pas les techniques car c'est ce que veut mon âme.

2. Prise de pouvoir

Le pouvoir d'un être humain est dérobé lorsque son esprit est encombré.
Pour te connaître, fais taire en toi la voix des autres.
La clarté de l'esprit facilite l'alignement de tout ce qui te compose.
Le cœur s'ouvre de l'intérieur, lorsqu'il a suffisamment de place pour se déployer pleinement.
Pour savoir qui tu es, retrouve-toi dans le silence et le calme de ton être véritable.
Et vois les autres te révéler qui tu n'es pas. Ecoute la nature te dévoiler ton essence pure.
Pourquoi te limiter en laissant les autres te façonner ?
Ton pouvoir est infini, la souffrance prend sa source là où tu ne te choisis pas.
Ta joie est la boussole de ta vérité.
Lorsque tu es toi en vérité, alors tu es heureux et porté par l'élan marrant du bonheur.
Pose de la conscience là où c'est inconfortable pour goûter pleinement à la douloureuse mais Ô combien libératrice expérience du pardon de ton mensonge !
Joie de renaître !
Cadeau de vérité pour le monde !

xxxx

Crois en toi !
Chacun voit à travers le filtre de ses lunettes.
Cesse de donner ton pouvoir aux autres pour te faire douter.
Qui d'autre que toi peut savoir ce qui est bon pour toi.
Tu as le droit au meilleur !

xxxx

Théorie des genres
Petit partage d'un échange avec mon fils qui entre à la fac et la découverte pour ma part de cet étrange phénomène de la "théorie des genres" dont j'ignorais l'ampleur. Pour le maintien de mon équilibre, j'ai fait le choix il y a quelques années de ne plus suivre les actualités, je découvre ainsi parfois avec étonnement l'évolution des mœurs.
Ma question en découvrant ce sujet sociétal qui semble toucher surtout les jeunes : Pourquoi les conforte-t-on dans leur mal être en les soutenant dans le fait qu'ils ne savent pas qui ils sont fondamentalement ?
Il semble que beaucoup d'énergie soit déployée dans le soutien des jeunes qui revendiquent leur pouvoir d'aller à l'encontre à ce que la nature leur a donné. C'est selon moi le fruit d'une très grande insécurité sur laquelle joue la haute hiérarchie sous prétexte de protection pour pouvoir mieux manipuler ses pairs. En effet quoi de mieux pour induire des idées dans des têtes que l'on a soutenu dans leur souffrance et qui ne connaissent rien de leur pouvoir.
Au lieu de conforter les personnes dans le fait qu'ils ne savent pas qui ils sont, aidons-les à poser de la sécurité en les accompagnant à découvrir leur véritable nature. A mon sens, c'est sur des fondations solides et sécures qu'il est possible de construire de hautes tours. Sur du sable mouvent, rien ne

tient, tout tombe, n'est que plus fragile et modulable à souhait ! Un parfait terrain à réquisitionner sans fin.
Encore une stratégie affective pour mieux conditionner de bons petits soldats qui se sentent compris dans leur rébellion contre leur nature.
La nature étant claire comme de l'eau de roche, qui crée et maintient le trouble ? Que cherche-t-on à brouiller et pourquoi ?
Les jeunes ont besoin d'aide pour se découvrir, afin qu'ils prennent possession de leur plein pouvoir, et non l'inverse à être soutenus à se fuir et se renier pour être perdus dans les méandres de la dépendance extérieure par délégation de pouvoir.
Un être souverain qui se connait ne peut être soumis et manipulé.
Un être qui revendique sa souffrance par des histoires qu'il se raconte et qui obtient de la reconnaissance de la haute sphère sociétale, se noiera dans le mensonge pour ne pas se voir en vérité, par peur de souffrir et se sentira redevable d'une fausse compassion.
Chaque être humain est doté d'un sexe, et nous avons tous en nous un système énergétique où masculin et féminin cohabitent et s'entremêlent en permanence. Il existe très souvent un déséquilibre énergétique masculin-féminin en fonction de ce qui nous a construit, notre bagage du passé.
Certaines femmes sont dotées d'un système énergétique à dominante masculine, elles peuvent être plus dans l'action, tout comme certains hommes ont plus de féminin en eux, leur sensibilité déborde d'un monde intérieur très riche.
C'est l'équilibre et/ou l'acceptation des deux énergies en chacun qui permet de se sentir bien dans une vie équilibrée.
Un sexe d'homme reste un sexe d'homme, un sexe de femme reste un sexe de femme, toute comme une girafe reste une

girafe. Apprendre à trouver l'équilibre et surtout à se connaître et à assumer ses spécificités permet à l'individu de ne plus souffrir de ces déséquilibres mais d'en faire une force en les utilisant à bon escient.

A contrario, aller chercher à l'extérieur un remède en voulant changer le monde pour qu'il s'adapte à soi ne crée que colère, incompréhension, insatisfaction et frustration, et c'est la guerre.

C'est l'acceptation intérieure, celle de la vérité du cœur qui permet de s'assumer pleinement, sans besoin de se revendiquer ! Peu importe ce que la société attend de nous, n'attendons pas que la société ne nous reconnaisse mais apprenons plutôt chacun à se reconnaître soi-même pour se construire une vie authentique qui nous corresponde. Et ce en douceur dans l'acceptation de la différence, non plus dans la violence.

Pourquoi chercher à adapter l'environnement à mes déséquilibres plutôt que de les assumer en me construisant avec ou en allant cherchant l'équilibre par la guérison de mes blessures ? Pourquoi est-ce que je crois que je suis mes déséquilibres, mes blessures ? Pourquoi croire que je suis victime ?

Nous naissons tous égaux dans la perfection de ce que la nature nous donne car nous sommes des êtres créateurs bien au-delà de notre conscience humaine. Nous avons tous une couleur différente et des expériences à vivre. Puissions-nous la voir pour briller de notre plus bel éclat plutôt que de de vouloir interpréter une autre couleur qui n'est pas nous au point de vouloir en faire une normalité.

Conscience et amour en tous les cœurs meurtris et endurcis

xxxx

L'expérience de l'Amour

Amour gratuit
Le véritable amour est sans conditions. Il n'attend rien, il est gratuit.
En amour, lorsque j'ai des attentes de la part de mon amoureux, je serai déçue lorsqu'il n'y répond pas. Ma déception sera proportionnelle à l'attente que je poserai.
Et si je ne suis pas déçue d'un résultat, c'est que je n'avais pas d'attentes, c'est là que je suis aimante pour de vrai !
A chaque déception, à moi de me questionner : quelle attente incomblée intérieurement cette déception vient-elle toucher en moi ?
C'est à moi seule de combler mes besoins notamment de sécurité, de reconnaissance, ou d'appartenance, de l'intérieur, ainsi je ne serai plus jamais déçue de l'extérieur.
En couple, si j'attends que l'autre :
*Réponde aux besoins que je n'ai pas exprimés, je serai déçue qu'il n'y réponde pas.
*Me comprenne, et que ses limitations l'en empêchent, je me sentirai seule, abandonnée.
*Me sécurise, je serai dépendante de lui et je souffrirai avec effroi de son absence.
*Me soit fidèle, je l'enfermerai et il étouffera au point de vouloir changer d'air.
*Comble ma solitude, son absence créera un vide que je chercherai à combler coûte que coûte. Avec notamment des dépendances.
*Comble un manque d'affection, je serai aigrie d'insatisfaction par l'insatiabilité de ce trou béant.
*Me fasse confiance, je chercherai à le contrôler, donc à le manipuler et j'agirai en fonction de ce que je perçois de ses attentes. Je ne serai donc pas moi-même.
*Réponde à mes besoins, je serai dépendante de lui et la non-réponse créerait déception et sentiment d'abandon.

*Me reconnaisse, son aveuglement et son mutisme me feraient me sentir oubliée, transparente, écartée, voir rejetée.
*M'adore, me valorise, la moindre critique serait alors humiliation.
*Me possède, je lui appartiendrais et serai un objet à son service dénué d'existence propre. Dévouée et conditionnée à subir ses désirs sans considération pour les miens.
Tout cela sur fond de refoulement de mes émotions qui m'effraient au plus haut point. Tel l'ennemi à abattre. Souvent je préfère les enfouir pour ne pas voir la vérité qu'elles m'enverraient en pleine figure. Jugées à tort de meurtrière, mais vrai symptôme de guérison.

Lorsque j'attends de quelqu'un qu'il aille dans mon sens. Je ne le respecte pas dans son individualité.
Je refuse qu'il puisse penser différemment de moi, je vais user de subterfuges pour le convaincre de ne pas être lui-même.
Pour ne pas me sentir rejetée.
Lorsque j'attends quelque chose de quelqu'un je vais user de stratagèmes de manipulation pour arriver à mes fins.
Un jeu de séduction va alors s'opérer pour le prendre sournoisement dans mes filets et faire en sorte qu'il adhère à mon point de vue, voir qu'il le partage et l'incarne.
Je vais prendre en considération l'autre à la mesure de sa docilité.
Je ne suis donc pas libre puisque je joue un jeu, porte un masque pour me cacher et l'autre ne peut pas être libre puisque victime de manipulation qui le conditionne dans un faux rôle enfermant, frustrant.

En amour, si je donne juste car j'en ai envie et que c'est ma nature de donner, alors je ferai l'expérience de l'amour véritable, inconditionnel, libre. A l'image de la nature qui nous nourrit gratuitement car elle est destinée à cela, elle n'attend rien en retour.

Quand je suis libre, j'aime sans attachement car je sais que personne n'appartient à personne. J'offre du plaisir à l'autre juste parce que j'en ai envie, sans rien attendre en retour.

Ainsi en laissant à l'autre sa liberté, je lui permets d'être qui il est, d'être libre.

En étant dans le jeu, libéré de l'enjeu alors il m'est possible de jouer pour le plaisir.

Nul autre qu'un prisonnier ne chercherait à prendre la fuite. Les êtres libres savent jouir de leur liberté à la mesure qu'ils ont été (se sont) enchaînés. Jusqu'à en ouvrir la porte d'évasion à d'autres, prêts à s'échapper !

L'abandon à l'amour inconditionnel c'est la voie d'accès la plus haute, la plus directe à la guérison. **C'est la foi qui guérit.**

En amour donne toi entier(e) et tu en récolteras au centuple. Le soleil se montre tout entier lui, ce sont les intempéries qui cachent sa luminosité. Mais il est toujours là présent, à chaque heure du jour. Et même la nuit lorsqu'il brille ailleurs me plongeant dans la pénombre j'ai foi en son retour.

Et si ma foi faisait le soleil se réveiller chaque matin.
Et si ma foi laissait l'amour me guérir chaque jour.

3. Espace Cœur

L'ouverture du cœur libère de la prison froide et faussement confortable qui anesthésie et enferme dans un espace tout petit où en vrai le champ des possibles est certes inconnu mais o combien rempli à l'infini ! C'est où l'âme agit !

L'expérience de l'Amour

xxxx

Allons nous retrouver dans le silence, celui du cœur !
Seuls mais pas vraiment non ?
Le chemin est semé d'embûches certes mais c'est bien nécessaire pour apprendre, goûter aux bienfaits de cette sagesse acquise par l'expérience, dans l'accueil de ce qui est, de ceux qui sont.
L'état de plénitude dans l'amour c'est comme un juste échange de confiance mutuelle de l'univers envers son enfant, de l'enfant envers ses parents et la capacité de prendre soin d'elle, une récompense à la capacité d'abandon totale à la vie... ou à la mort ! C'est sauter dans le vide sans parachute, mais c'est tellement ça !
Et si être c'était dis-paraître ?
Être au service du cœur et non plus le cœur au service de...

xxxx

Vois, à quel point la vie t'aime !
Elle te le dit à chaque pas !
Aimer en vérité c'est S'AIMER.
S'aimer tout nu et tout entier !
... enfin sans tête qui croaaa !
Je sème autant d'amour véritable que je me porte, ni plus, ni moins !
A chaque pas, geste, parole : quelle est mon intention ?
Quelle est ma capacité d'abandon à ce qui me fait mémé ?

xxxx

L'expérience de l'Amour

Je viens d'ailleurs, c'est un secret.
Je suis ici pour vivre, secret bien gardé.
Sans quoi je m'y contenterais, inlassablement, sans début, sans fin,
Avec tout, avec rien.
Car je suis tout.
Un bout du rien, qui forme un tout.
Découvrir que je suis là pour me découvrir.
Ni en haut, ni en bas,
Ni avant, ni après,
Mais là.
C'est je crois ma mission,
Car je ne sais rien d'autre,
Que ce que je vis, quand je suis.
Certes, je passerai ma vie à me chercher,
Car rien ne m'importe plus,
Que me trouver en toi
Lorsque tu te trouves en moi.
Là est ma mission,
Sans quoi je ne suis rien,
Car en vrai je suis tout.
Il semblerait qu'en cet instant,
Ce lieu précis m'a ramené un peu en bas
Car j'étais trop en haut.
Energies du bas merci
De m'avoir ramenée là.
Ce fut bref, mais ce fut bon !
Gratitude infinie, d'être, de ne pas être.

xxxx

Le souffle d'amour,
Il te murmure à l'oreille des mots doux pleins de chaleur.
Il frôle ta peau frissonnante d'une douche libérant le bonheur de ton cœur.
Il te montre la beauté sans nom des merveilles qui t'entourent.
Il t'inspire des idées improbables et étonnantes d'une évidence pure !
Il te rend légèr(e) comme une plume.
Il te grave le sourire aux lèvres même sans t'en rendre compte.
Il met la joie dans ta vie et autour de toi.
Il te libère de ce(ux) qui t'encombre(nt).
Il te montre ta splendeur et te rend belle, beau.
Il te rend libre.
L'amour que tu acceptes de mettre dans ta vie, de te donner te libère de tes chaines.
Il est la clé de résolution de tous tes problèmes.
The raccourcis pour te guérir.
Va te faire aimer !

xxxx

Douceur
L'espace cœur,
C'est le brûleur de toutes les peurs,
L'évaporateur des rancœurs,
L'affranchisseur des mémoires intérieures,
Le révélateur de vraies valeurs.
L'espace cœur,
Cet accoucheur de ta grandeur,
Ne se fait pas sans douleurs.
Libérateur du conspirateur intérieur,

Qui n'agit pas sans heurts.
Mais toujours avec ferveur, chaleur et douceur.
Ton enchanteur espace cœur,
Ce Bâtisseur de ta demeure,
Est un espace de chaleur sans heure,
Fécondateur de la graine du créateur,
En chaque autre espace cœur voyageur.
Mon cœur kiffeur de ton cœur.
C'est mon unique chauffeur !
Je t'aime, tu fais mon bonheur.

xxxx

Gratitude
Gratitude pour le soleil
Gratitude d'être canal à travers lequel coule la vie !
Gratitude de recevoir et de donner de la lumière.
Gratitude de succomber sous le poids de la mort,
Gratitude de m'avouer vaincue,
Gratitude de dire oui à la vie,
Gratitude d'être outil de création,
Gratitude de m'unir pour donner de la force,
Gratitude d'être présente,
Gratitude de ressentir la vie,
Gratitude de contempler,
Gratitude d'être canal de vie,
Gratitude d'incarner amour.

xxxx

La seule réalité c'est l'amour !
Il n'anticipe pas et ne regrette rien, il est.
Il ne peut se vivre qu'au présent.
Ce n'est pas un concept, c'est une réalité qu'il n'est possible d'expérimenter que maintenant car il se ressent par nos sens, il est sensationnel, il est corporel, cœurporel, il se vit. C'est la vie !
Tout nait de l'amour.
C'est le langage de la vie.
La force de mon amour est proportionnelle à ce que je suis. Nous sommes des êtres divins et c'est ce que nous expérimentons chacun à travers l'autre.
A travers nos échanges, et nos ressentis. Force est de constater que l'amour est sans explication et sans raison. Il vient de nulle part.
Il est notre état naturel par défaut.
Je te vois car je me vois à travers toi.
Tu me vois car tu te vois à travers moi.
Je vois l'amour que tu es car je vois l'amour que je suis.
L'autre est un miroir de l'amour que je suis capable de me porter. Ce que la vue de son reflet me fait vivre, me permet, si je le souhaite, de me guérir de ce qui m'encombre mais aussi de vivre l'épanouissement.
Les relations humaines, mais aussi les élémentaux, soignent, si je fais le choix de m'y abandonner par la lumière de vérité qu'ils diffusent.
Ce qu'il nous est permis de voir par notre faculté d'abandon c'est l'essence même de ce que nous sommes. D'où l'intensité !
Merci la vie de me permettre de le vivre, de le comprendre, de t'avoir mis sur ma route. C'est un magnifique chemin qu'il nous est donné de parcourir ensemble. Il y aura de beaux

trésors à découvrir c'est certain ! A nous de les voir et de les saisir.
Aimons-nous, laissons-nous aimer.
Je t'aime

4. Incarnation, mission de vie, existence

Avant le bruit précède le silence.
Avant le mouvement précède le calme.
Avant l'agitation précède la sérénité.
Avant le réveil précède l'endormissement.
Avant le savoir précède l'ignorance.
Avant la création précède le néant.
Avant la vie précède la mort.
Au départ tout est là accompli, figé et complet dans l'arrêt parfait de la mort.
C'est quand tu nais que la partie commence par le mouvement de vie, amenant le changement.
Le cycle perpétuel de la vie qui incarne l'amour sous toutes ses facettes pour se contempler et goûter la joie de l'amour sous forme humaine.
Tu nais, renais avec le panel de couleurs unique de ton âme. Grandis à chaque vie pour nourrir la terre de tes fruits abondamment afin qu'ils deviennent de beaux arbres fruitiers nourrissant la planète et non de vulgaires ramifications mourantes encombrantes et inutiles pourrissant et privant l'espace de vie embellissante.
La vie c'est la présence, la mort c'est l'absence.
La mort c'est l'arrêt de la vie, c'est l'espace dans lequel il ne se passe rien.

Mouve toi pendant que tu es là, c'est l'esprit incarné dans ce corps qui te permet d'accomplir de belles choses. Dans l'espace de la mort ton esprit aura tout le loisir de ne rien faire, perché dans d'autres sphères inertes.
La spiritualité n'a de sens que si elle s'incarne sur terre, sinon tu n'es qu'un figurant mort et inactif sur la touche.
Incarne et joue pleinement ta vie avec intelligence et sagesse, c'est toi qui choisis la dose d'amour que tu y intègres. A mon sens, les choix de ton esprit changent la couleur de ton âme.
Plus ton esprit est léger, plus ton âme est claire, et libre de laisser passer la lumière dans ton corps de l'amour qui guérit.

xxxx

Pourquoi me diviser alors que je suis complet ?
Pour créer,
Pour contempler ma création,
Pour jouir de mes sens,
Comment ?
En cocréant,
Par la fusion de la conscience du père tout Amour, et de la force de vie créatrice de la mère, fruit de l'Amour qui est partout, en tout.
Je suis le père, je suis la mère, je suis l'univers, je suis la création, je suis le créateur.
Jouir de mes sens ?
En dotant chaque être humain d'un Esprit unique, voile de la conscience, force dite "diabolique" ou "pécheresse" nuançant toutes mes incarnations, et ce afin de vivre les 8 milliards de facettes qui me composent et d'en apprécier toutes les saveurs.

L'expérience de l'Amour

Nuances agrémentées par amour de la liberté de choix, du mouvement permanent, et de la loi de causalité.
Mon support d'amour ? Mon incarnation et tout ce qui la compose : mes corps, mon environnement, les circonstances et événements de ma vie.
Ainsi je me reconnais en tout, partout, par l'orgasme de tous mes sens, seule et unique réalité de Vie.
Je te reconnais.
Je t'aime
Père, je m'abandonne à ta volonté.
Jouons à la vie.
La question pour savoir où tu en es : "Aujourd'hui qu'est-ce qui m'empêche de jouer pleinement ma partie ?

xxxx

Jolie mort
Ici le mot vie peut être remplacé par le mot amour.
Par une divine connexion aux esprits forestiers, l'invitation a été reçue d'admirer la beauté dans ce qui est perçu comme mort.
Il semblerait que l'abondance soit dans la mort.
Sans mort, pas de vie. Est-on seulement en vie ? Et si nous étions en mort ? Dans l'illusion de la vie. C'est quoi la vie ?
La vie est le fruit du sacrifice.
Ha ?! Quel sacrifice ?
Le sacrifice de la matière, de ce qui est périssable... de mon ego, de qui je crois être. Si j'y renonce, il m'est possible de renaître. Je dois mourir pour renaître !
Chaque fin annonce une nouvelle naissance, ainsi va le cycle naturel de la vie.
Si je n'accepte pas de mourir, au sens fin de ma vie terrestre, comme au sens lâcher mes résistances de ce qui me pourrit

la vie, je vais errer dans les méandres de l'entre-deux-vies confusionnel et souffrir dans cette non-acceptation. Dans ce refus de voir la vérité, dans le déni de regarder droit dans les yeux mon rôle de responsable dans les événements de mon existence.

Chaque intégration peut avoir lieu seulement après avoir fait table rase du passé. Cela ne veut pas dire oublier mais se rappeler pour se diriger, pour avancer, tirer les leçons de ce qui a été vécu, expérimenté.

Mais également après avoir lâché les attentes d'un potentiel futur qui n'existe pas.

Un petit enfant se voit grandir à travers les yeux de son parent. Comment peut-il se déployer pleinement à travers un regard qui le limite à la petitesse d'un être retenu par lui, qui croyant le posséder et être moteur unique de son devenir ? Qui pense qu'il n'est rien sans lui et que de lui dépendra son avenir ?

Un regard anxieux, fera un anxieux,
Un regard inquiet, fera un inquiet....

S'il veut le voir s'épanouir pleinement il est préférable qu'un parent fasse le deuil de son bébé, au risque de le voir souffrir de ce lien empoisonné...ou disparaître... fuyant ce parent qui lui renvoie cette image enfantine alors qu'il n'aspire qu'à devenir grand, libre et responsable.

Mais également qu'il abandonne les attentes oppressantes sur ses petites épaules qui ne connaissent pas le "futur" irréel et incertain si effrayant.

Heureux les enfants libres de leurs parents les aimants inconditionnellement tels qu'ils sont ! Qu'ils soient ici ou ailleurs !

Et si la mort était une libération et que la vie prenait sens lorsque je me déployais pleinement dans ce que j'étais venu apporter en ce monde de par ma nature profonde et véritable. Exempt de tous les filtres de la construction de ma personne polluante par son encombrement.

Au plus je me déploie sans retenue, plus je vais fructifier, plus je vais nourrir ce monde de vérité et d'amour.

C'est la personne qui s'accapare et qui a peur de perdre, d'être insuffisante et qui bloque l'épanouissement.

Et si en vrai rien ne m'appartenait, alors je comprendrais que je n'ai rien à perdre. Et que tout ce que je crois avoir acquis était là pour servir la vie dans le déploiement de qui je suis en vrai, non mon petit ego limité et jamais satisfait, insatiable, blessé.

Et si je n'avais pas à devenir mais à être.

Qui suis-je ? Je suis immortel par nature, un esprit incarné dans un corps pour servir ma nature divine amoureuse.

La mort n'existe que pour servir la vie.

Plus je laisserai passer la vie en moi, plus je disparaîtrais grand et riche, plus je nourrirai la terre par cette abondance.

La mort c'est quoi ?

C'est tout ce qui empêche la vie de passer.

A cause des peurs qui me retiennent dans le déploiement de qui je suis profondément.

J'ai peur !!!

Lorsqu'une peur se présente dans ta vie regarde la dans les yeux, accueille-la, vis-la, écoute ce qu'elle a à te dire et remercie là. Mais ne la renie pas car elle reviendra te rendre visite de manière plus probante afin que tu en saisisses franchement toutes les subtilités de son enseignement dans la douleur si nécessaire.

Et c'est dans ce corps de chair vivant d'émotions qu'il est possible à ton esprit d'évoluer le plus efficacement possible.

En jouant à la vie, je joue à me libérer.

A chaque libération, je ressens l'amour que je suis, que je me porte.

A chaque fois que je ressens pleinement mon corps, je vis dans la présence de qui je suis en vérité. Lorsqu'il n'y a plus aucune pensée je réceptionne des informations nécessaires à l'éveil des consciences pour plus d'amour, et uniquement pour cela !

Les informations passent par toutes mes facultés, en fonction de ma couleur vibratoire, de mes prédispositions, des conséquences de ma construction et de mes expériences d'autres vies.

A savoir, des images, des concepts, des sons, des connaissances, de l'amour pour aider à fluidifier, transmuter, guérir, des émotions, des perceptions physiques.

Et ce mécanisme est valable pour tous, absolument tous les êtres humains.

En résumé nous sommes ici pour expérimenter la réalité de qui nous sommes en le découvrant par nous même à travers notre environnement et les circonstances de la vie. Plus nous nous encombrons de futilités, plus nous nous en éloignons. Plus nous nous soucions du regard des autres, plus nous nous éloignons de notre regard intérieur.

Plus nous fuyons notre pouvoir, nos responsabilités et nos peurs, plus nous subissons tels des victimes, ce qui amène anesthésie, voir souffrance.

Il nous est simplement demandé d'apprendre à accepter de mourir que cette mort soit choisie ou non, au sens propre comme au sens lâcher les résistances qui nous bloquent dans un personnage fictif, tout en acceptant de jouer ce personnage vrai dans sa petitesse à travers les ressentis que sa sensibilité permet.

Accepter l'intensité de la vie sous toutes ses formes de manière résiliente, avec foi et confiance. Et tout nous sera donné en douceur avec justesse en amour.

La mort est belle ! l'accepter c'est accepter de vivre. La renier c'est refuser de vivre.

Vivre dans la mort, mourir pour être vivant.

La mort telle qu'on l'entend selon les croyances populaires n'est pas une fin, c'est la fin d'un cycle certes, mais après chaque mort une continuité à lieue ailleurs, autrement. Et chaque être se voit porté dans une autre dimension dans le même état vibratoire qu'au moment de sa mort.

Le but de sa vie ne serait-il donc pas de se préparer à bien mourir ? Et ce en se laissant vivre ?

Je crois qu'il n'y a qu'une seule conscience appelée aussi Dieu tout Amour créateur, Univers, Source, Vie…et selon moi elle s'est divisée en plusieurs âmes, elles-mêmes divisées en Esprits lorsqu'elles sont incarnées.

Selon ma compréhension :

Une âme peut se diviser en plusieurs corps. Plus elle s'est allégée, plus elle est évoluée, moins elle est divisée, plus elle est empreinte de sagesse et de compassion.

Plus je meurs léger, en m'allégeant de mes fruits, par le don de moi, de ma nature, par le biais de mon personnage de scène dont je me suis détaché en acceptant sa mort, son éphémérite servitrice, plus j'allège mon âme lui évitant de se diviser davantage, pour se rapprocher un peu plus de son père créateur Amour.

Tout se joue maintenant, c'est la seule réalité. Le temps n'est qu'un concept de l'esprit incarné pour structurer ses expériences terrestres mais seul le mouvement de l'instant présent existe vraiment. C'est le mouvement qui crée, impulsé par la nature de ce que je suis.

Plus je suis léger, plus je me relie à la vérité de l'amour, et moins je me divise en expériences de mensonges par l'éloignement de ce qui n'est pas vu.

Il n'y a que maintenant qui existe vraiment !

Chaque libération est une mort, une part de moi que je retiens reliée directement à mes autres incarnations. Et quand je m'en libère, je libère également mes autres vies de cette part encombrante, même si je n'en ai pas conscience. Une vraie libération c'est un allègement véritable permettant d'autres libérations de s'engranger, voilà pourquoi je peux avoir l'impression que c'est infini, car ça l'est ! Mais le détachement conscient permet véritablement d'accélérer ce processus afin de limiter la durée de la souffrance.
Un allègement passe obligatoirement vibratoirement par la terre qui va purifier les énergies pour les remettre au service du ciel.
Sensibilité féminine libératrice, transformatrice amante cocréatrice du masculin aimant activateur et impulseur de vie.
L'enseignement de la mort c'est d'expérimenter sa nature divine par l'allègeante libération qu'elle procure, et ce pour jouir de l'amour inconditionnel, permettant à d'autres de s'autoriser à le vivre aussi !

xxxx

Je suis l'Être
Stable, fort puissant, certain.
Je brille lorsque tu te tais, t'effaces, te soumets, avoues tes faiblesses, t'inclines à ma présence.
Je suis la vie qui vit à travers toi, petit être instable, apeuré, hésitant, contrôlant, méfiant, souffrant.
J'ai besoin de toi pour exister.
J'existe à travers toi, en toi.
Tu es le calice qui me permet d'être honoré,
Tu es l'outil qui me célèbre,
Le mouvement qui me manifeste.

Je respirer au cœur de ta sensibilité.
A travers toi je peux briller.
Tu n'es pas moi
Je suis toi
Mais tu es libre du volume et de l'intensité
A travers lesquelles tu me sers.
Sache juste que je ne te donnerai jamais plus que ce que tu acceptes de recevoir.
Et bien plus lorsque tu t'en remettras entièrement à moi.
Je suis la Vie, je suis l'Amour, je suis là Joie.
Je t'aime

xxxx

Au plus tu t'approches de la lumière, au plus l'ombre s'affole !
La lumière dénonce le faux, le mensonge, la manipulation, juste par sa présence.
La lumière brille, elle agit sans bruit, elle est juste par nature.
La lumière est !
Cesse de te cacher, ton rôle est d'exister, c'est ta mission.
Existe !

5. Libre Choix

Libre arbitre
Le choix, quel choix ?
Le choix d'être Qui je suis,
Le choix d'être qui les « autres » veulent que je sois.
Le choix du cœur, le choix de l'amour, le choix du savoir, de la connaissance, de la liberté,

L'expérience de l'Amour

Le choix de la tête, le choix de la peur le choix de l'ignorance, de la souffrance.
Je m'en remets à Dieu, la source, la divinité, au père créateur, à l'univers, à une force plus grande que moi,
Je suis Dieu, je crois que je suis mon Dieu, je joue à être Dieu.
Je suis les autres, les autres sont moi, je suis tout,
Je suis seule, séparée des autres.
Je suis libre de placer ma conscience où je le désir, de discerner sans juger. Je suis la conscience, je suis illimitée,
Je suis ma tête, mes pensées, mes blessures, mon vécu, mes traumas, mes souffrances, mes croyances, mes conditionnements. Je suis limitée.
Libre de créer, de choisir le titre de mon film, de planter mon décor, d'en écrire le scénario, de faire le casting, libre de jouer avec les autres moi, libre de cocréer. Libre de choisir ce qui est bon pour moi, libre d'être moi.
Je suis victime, Il y a moi, il y a les autres. Ce sont les autres qui me façonnent. J'ignore qui je suis, un personnage construit de toute pièces, dans un décor posé là, le scénario, je ne l'ai pas choisi, il est pré-consu en fonction des "autres", il dépend de ce que j'ai vécu, subi, c'est toujours le même scénario, vide, Les autres décident pour moi.
Je me montre, assume pleinement ma puissance. Je n'ai pas peur de ma force, ni de mes faiblesses, je les accepte.
Je me cache pour que l'on ne voit pas mes mensonges, mes limites.
Je me souviens de qui je suis, d'où je viens, je sais, je vis l'unité,
Je suis séparée de mon essence divine, j'ai oublié qui je suis, d'où je viens, j'ai mal, je souffre.
J'utilise mon plein potentiel, le champ des possibles est sans limite, je ne crois rien, j'expérimente dans ma chair, je vis des

émotions, j'apprends, j'évolue, je grandis. Je savoure chaque instant, vis, comprends, Aime.
Je suis toute petite, limitée, enfermée. Je ne crois que ce que je vois, ce que je vois : naît, se mouve, meurt.
Je vois le bon en chaque "un", j'aide, je transmets, je cocrée.
J'envie l'autre, le jalouse, le manipule, l'autre est méchant. Je suis mieux que l'autre, ou l'autre est mieux que moi.
Je me soigne, je guéris,
Je me rends malade.
Que reste-t-il ? Notre plus belle création,
Que reste-t-il ? Des choses, ...un égrégore de souffrances...
Une autre partie ?
Ai-je le choix d'avoir le choix ? OUI
Le choix d'être libre et sauvage, avec le plus merveilleux des outils à mon service :
Ma personne, dotée d'une intelligence infinie et d'un cœur grand comme ça !!!, le choix du tout.
Ou le choix de l'illusion d'être tout puissant, de l'impatience, de l'insatisfaction, de la souffrance, le choix du rien.
Je choisis, chaque instant de ma vie.

xxxx

L'amour se fraye passage là où il est accueilli.
Derrière les portes closes, l'obscurité fait loi.
Chaque entrebâillement diffuse le doux parfum d'un rayon de soleil apaisant.
La paix est la gourmandise du cœur.
L'agitation, celle de l'esprit.
A qui laisses tu la gouvernance de ton royaume ?
Et si la vie humaine trouvait une juste harmonie dans la fusion des deux où ils feraient naturellement équipe à chaque action, chaque croyance.

Ose goûter la paix, c'est le met exquis des dits "faibles", des humbles courageux.
Le mensonge répond au mensonge, l'amour répond à l'amour, toujours !

xxxx

Quelle voie prendre ?
L'évidence ? c'est le choix trop facile, celui qui perturbe l'ego par la transparente lumière qu'il dégage.
Le sombre ? Lui, flatte l'ego méritant.
Orgueil de souffrance sinon rien !
Aucun ?! Trop de sagesse ou choix de la peur ?
Le simple fait d'avoir le choix est le plus grand de mes plaisirs ! Car je suis libre !
Qu'importe le choix ! La décision ! La noblesse et la gloire se trouvent dans le simple fait d'assumer toutes les conséquences de mes choix.
La leçon est là ! La voie directe vers encore plus de hauteur !
C'est la voie du cœur

xxxx

La beauté réside dans l'expérience du vécu.
C'est maintenant que je forge mon chemin.
La destination n'est qu'un point fixe sur le trajet qui n'a pas de fin car c'est une illusion.
Il dépend des choix que je fais en fonction de mes envies et besoins du moment.
Si tu choisis le trajet en fonction des autres, ton chemin sera alors une voie d'accès de camouflage pour ne pas te montrer tel que tu es. Et tu passeras ta vie à prendre des directions d'évitement pour ne pas t'affronter. Ladite destination sera alors décevante car définie selon qui tu n'es pas, ton habit

masquant un corps de souffrance, éternel frustré, insatiable car rejeté de ta conscience.
Tu es déjà arrivé à destination ! Le chemin c'est un jeu dont toi et toi seul en définis les règles.
Qui choisit ? Ton personnage instable et souffrant ou la divine présence manifeste derrière ce manteau de mensonges, pour qui tout est facile, qui rit aux éclats et jouit d'orgasme par tous ses sens. Allégeant ainsi à d'autres le trajet d'accès au cœur.

6. Reconnaissance

La reconnaissance
de qui je suis à travers l'autre,
de ce que je m'apporte en apportant à l'autre est un besoin.
Je me reconnais en l'autre.
Je reconnais mes forces, mes faiblesses,
Je reconnais l'amour.
Amour grandissant dans la vie.
En me reconnaissant, je reconnais que je suis amour.
Merci d'avoir traversé nos chemins petits êtres d'amour.

xxxx

C'est dans les eaux troubles qu'il existe l'écosystème le plus riche.
Tout un monde qui s'autonourrit, se renouvelle sans cesse. Bien protégé, caché, sans quoi il ne survivrait pas aux nuisibles agressions extérieures !
Celui qui croit en l'invisible, s'abandonne à la vie, a la foi, verra la richesse de tes tréfonds car il se reconnaîtra, faisant partie intégrante de ton monde, il saura te voir en profondeur

avec tes forces, tes faiblesses, bien au-delà de l'apparente couche protectrice superficielle, artificielle.
A condition bien sûr de lui ouvrir la porte, de le guider dans la pénombre à la lumière de ton cœur.
Il plongera alors aveuglement dans ton royaume. Il saura qu'il ne sait pas mais que c'est LE chemin.
Le chemin de la vie.

xxxx

Aimer est une grâce.
Tout ce qui est beau est aimable.
Le beau est partout.
Je vois le beau en chaque "un",
Parce que je suis unique en chacun.
L'autre est révélateur de cette part de moi,
Que je cache,
Par des couches de mensonges.
Au plus je me dévoile,
Au plus je vois l'autre, tel qu'il est,
Au plus je l'aime.
Car je le vois, tel qu'il est.
Et au moins j'attends de lui qu'il m'aime,
Car je sais qu'il ne peut aimer en moi,
Que cette part active en lui,
Que ses filtres lui daignent entrevoir,
En cet instant précis.
Je t'aime mais je n'attends rien,
Que ce que j'ai besoin de voir.

7. Attachement

L'attache ment
Je m'attache à tout absolument tout, je vis tout intensément. A chaque fois c'est pareil, je m'attache aux expériences, positives, négatives et m'enracine dedans... si je la perçois comme positive c'est agréable tant mieux, je voudrais que ça dure toujours. Sinon j'ai mal, je vis ma douleur jusqu'à ce que le temps ou un événement fasse son œuvre pour m'y déterrer. Des fois c'est rapide, des fois c'est long, et je souffre plus ou moins longtemps.

Quand je m'attache à une expérience, à une personne amoureusement, amicalement..., je m'agrippe à elle comme si elle venait me sauver, mais me sauver de quoi ? Je fais l'expérience qu'avec elle je suis quelqu'un. Dans ses yeux j'existe. En tant qu'individu je suis bien réelle.

Elle me fait exister, elle me crédibilise dans l'image que j'ai de moi, positive ou négative, elle me construit même !

D'une certaine manière elle me sauve de la noyade, de la disparition. Car si je ne sais pas nager, j'ignore qu'en cessant de me débattre je flotte toute seule et sans violence ! Je crois qu'en me débattant et en criant comme une forcenée, on va venir me sauver et je m'agrippe à cette main tendue. Je crois que je dépends de l'autre, la survie de qui je suis dépend de comment l'autre agit envers moi en réponse au message que je lui ai envoyé.

J'ai le sentiment que sans cette personne, sans cette expérience je ne suis rien comme morte.

Qui s'attache ? Et à quoi ?

C'est la personne dans sa construction qui s'attache au vécu. OK, mais je suis bien cette personne ? comment ne plus souffrir de cet attachement ? N'est-il pas normal pour quelqu'un de s'attacher lorsqu'il aime ?

Bien sûr que la personne s'attache, c'est elle qui souffre. MAIS ce que l'on ne m'a jamais appris c'est que je ne suis pas cette personne. Forcément ! Mon environnement m'a appris à construire une personne de toutes pièces ! Pour le comprendre il suffit de voir tout ce qu'il m'est possible de faire comme mouvement, construction, destruction, création, de voir que j'ai le pouvoir sur mes pensées, mes gestes, mes paroles, mes actions…je peux tout changer.
Mais alors à la base nous sommes tous pareillement neutres ?
Non ! Chacun de nous sommes comme un rayon du même soleil mais de couleur et de teinte différente ! A chacun de découvrir SA couleur. Chacun a ses besoins, ses envies, ses capacités, ses dons, ses limites.
Ma mission est de découvrir qui JE suis dans cet espace de pureté, en dehors de toute construction. Et de vibrer cette couleur ! De la diffuser !
Et si quand je m'attachais à cette personne, cette expérience, je goutais vraiment à la complétude ? Et si cette personne remplissait en moi ce vide sidéral qui me fait si peur ?
D'une certaine manière, j'y goûte oui, mais de façon impermanente car dans la matière tout est impermanence.
Quand les âmes se reconnaissent, elles reconnaissent leur lien profond d'amour dans l'unité. Le désir de fusionner pour ne faire qu'un. Être complet. Comme bébé dans le ventre de maman. Deux êtres, une forme. Destinés à être séparés pour leur évolution, pour grandir chacun dans leur individualité. Et c'est là, dans le silence de cet état d'amour dans la complétude, que je peux me voir telle que je suis, moi là toute petite au service de la vie, à l'intérieure de laquelle attend patiemment l'étincelle divine de briller de toute sa splendeur.
Est-il seulement possible de réunir les deux parties de soi qui souffrent tant seules ?

Au fond de moi je sais que je suis l'unité je suis le tout et l'expérience terrestre me demande de vivre l'unité partout, en tout, chaque rencontre, chaque élément, chaque lieu.
C'est en m'abandonnant à la vie, en laissant l'expérience me traverser, en devenant l'expérience, aussi difficile soit elle que je me permets de vivre l'accomplissement !
L'homme se construit des barrières des buildings, des masses de béton, il se cache derrière des masques pour ne pas voir à quel point il est faible, fragile, vide, seul, incomplet, dans son propre regard authentique et vrai, sans le filtre de l'autre et ses peurs, ses souffrances, ses envies, ses désirs...
Et si l'homme ouvrait la porte de son âme afin de reprendre les rênes de sa vie avec son pouvoir et arrêter de se prendre pour Dieu ! En trouvant cette complétude dans son environnement naturel .... Certes il serait danger pour les autres, imbus de pouvoir, de contrôle, attachés à leur existence fictive et leur rôle d'être faussement grand et supérieur.
Mais de quel message serait-il alors porteur ?
Du message le plus puissant qu'il puisse être donné de transmettre. Du message que tout un chacun à le pouvoir d'être ! D'être cet arbre, d'être le vent, d'être la joie, d'être l'amour, mais aussi d'être la souffrance, la tristesse, d'être la rencontre, le partage, d'être SOI, d'être tout en fait ! Quand je vis le tout, je suis le tout.... il n'est plus d'attachement puisque je suis !
Ouvrons la porte à notre âme ! Sachez que parfois certaines âmes décident de clore le chapitre tellement la personne bloque l'accès en fermant définitivement la porte, tournant la clef à triple tour, brisant la clef dans la serrure.
A ceux qui se questionnent sur le libre arbitre je dis oui !!! Chacun de nous détient ce grand pouvoir ! Il est au centre, ici se trouvent toutes les réponses.

8. Acceptation de soi

Mon corps, ma tanière,
Quand mon corps prend la place que je n'arrive pas à prendre.
Je me fais toute petite à l'intérieur,
Fragile victime du monde qui l'entoure,
Je me cache dedans,
Me déresponsabilise en me persuadant que je ne suis pas mon corps,
Ce corps que je subis,
Ce bouclier blindé,
Cet étranger que je rejette,
Je l'évite, Il me renvoie du dégoût,
Et pourtant me montre mes faiblesses,
Me rappelle ce vide sidéral que je ne parviens pas à combler,
Un trou béant dans ce petit enfant si fragile, tellement assoiffé d'attention et affamé d'affection.
Mais incompris, non entendu dans ses besoins par ses pairs, eux-mêmes dans le tourment, bousculés dans l'incapacité à comprendre leurs propres besoins fondamentaux.
Préoccupés à regarder chez l'autre, pointer le doigt sur "l'extérieur".
Alors oui mes parents les intervenants de mon enfance avec leurs spécificités sont le foyer que j'ai (mon âme) choisi pour faire mon nid affectif.
Enfant je suis dépendante de leurs apports, ce sont eux qui coulent les fondations sur lesquelles je vais me construire, la base.
Mais ensuite je grandis, et j'apprends des chutes, de toutes les fois où je tombe, de ma capacité d'accueil, de mes victoires aussi, selon ma construction plus ou moins bancale.
Libre à moi de rester au sol, de me relever, de recommencer,

de continuer, de grandir, de rechuter, de tout raser pour reconstruire, d'améliorer, d'embellir...
Souvent j'ai donc appris que le problème viendrait d'un ailleurs, qui ne fait pas partie de moi, tout comme mon corps ne serait pas moi,
Ce corps "impur et sale" qu'il ne faut pas toucher, ce corps que je ne connais pas, ce corps que je ne ressens pas.
Alors je cherche, un remède miracle, un magicien qui ferait disparaître ces fameux kilos comme la neige fond au soleil.
Mais c'est pourtant le même soleil qui a condensé l'eau pour que se forme la neige !
Et dans le fond je me sais bien coupable, coupable de fuir ma responsabilité, coupable de me maltraiter... mais supporterais-je la douleur de vivre pleinement toutes mes émotions refoulées depuis si longtemps ? Me pardonnerais-je la souffrance infligée ?
Oui ce corps s'impose à moi comme un lourd fardeau à travers duquel je me cache, afin que l'on ne me voie pas telle que je suis,
Folle, décalée, différente, libre, sensible, vivante !
Car à l'extérieur tout m'interdit d'être libre et moi-même, ce privilège réservé aux fous, bons à être enfermés, hors normes, décalés selon les codes sociétaux.
Pose-toi un instant et écoute ce que ton corps a à te dire !
Reprends ton pouvoir d'être ! Assieds-toi dans ton siège de roi, de reine !
Aujourd'hui assume ta différence, assume ta folie, tes kilos embrasse les, sois doux envers toi, donne-toi de l'amour, assume tes imperfections, fugue, échappe-toi, libère toi de cette prison, accueille toi et tu verras tes kilos, petit à petit, fondre comme neige à la chaleur de ton rayonnement d'amour !

Regarde-toi un instant dans le miroir, ton âme te dit "tu es si belle ! tu tellement beau ! juste parfait(e) tel(lle) que tu es".
Le petit à petit englobe tous les accompagnements que TU seras prêt(e) à t'offrir dans ta renaissance et dont le choix s'imposera qui à toi comme une évidence.

xxxx

Comment être humain dans un monde qui ne l'est plus ?
En posant ma conscience non plus à l'extérieur mais à l'intérieur de moi.
En acceptant de voir mes parts d'ombres cachées.
En acceptant mes propres limites.
En faisant par envie et non par attente extérieure.
En m'acceptant telle que je suis en me voyant à travers mon propre regard, non plus celui des autres.
En osant explorer le monde en dehors de mes habitudes.
En mettant la technologie à mon service et non l'inverse.
En remerciant

9. Libération

L'amour crée
L'amour est une énergie de mouvement, de vie, de liberté, de croissance.
Il est donc partagé et ne peut être possédé !
L'amour transite par nature,
L'amour grandit sans limite !
Il est gratuit, ne s'achète pas, ne se monnaye par l'argent, le chantage.
Point de manipulation en amour.

L'amour ne juge pas, il accepte.
L'amour ne retient rien, il pardonne.
L'amour n'a peur de rien, il est.
L'amour comprend.
L'amour est responsable, il assume tout.
L'amour s'expérimente, ce n'est pas un concept.
L'amour est beau, simple, léger, il est.
La vérité c'est L'amour.
L'amour est la vérité.
L'amour sait.
L'amour est la clé
Du bonheur.

∞   **Mais alors pourquoi autant de gens empêchent l'amour ?**

- **Par peur de souffrir.**

Ce n'est pas grave de souffrir. L'amour embaumera toujours la souffrance avec encore plus d'amour pour la faire disparaître.
A ceux-là, dites-leur d'aimer et d'aller se faire aimer !
C'est the remède préventif, palliatif !
Ils souffriront moins longtemps de l'épreuve que d'une vie sans amour !

- **Par orgueil et soif de pouvoir, de possession.**

"L'amour c'est pour les faibles et les idiots !"
Ceux-là n'ont pas compris le sens profond de la vie, ils ne savent pas qu'ils résistent à l'essence même de ce qu'ils sont!
Naviguer à contre-courant crée souffrance et épuisement. A s'empêcher de respirer ils tomberont comme des mouches.
Le corps ne pourra bientôt se nourrir que d'essence pure.
Empêcher la vie n'est pas une force !
C'est du suicide.

- **Par peur de disparaître.**

Ah ! cet ego qui veut tout contrôler ! Au panier !
De toute façon l'amour aura toujours le dernier mot !
Car amour égal vie.
Tant que l'âme, cette petite graine de vie divine est là, présente et un peu nourrie d'amour, alors le cycle permanent de vie terrestre est le suivant :
Naissance - croissance - épanouissement - déchéance - mort - renaissance.
Si elle ne peut plus être nourrie car à son apogée ou dénuée totalement de volonté à l'être. Alors effectivement, elle n'aura plus lieu d'être ici.
Et c'est toi qui définis le degré d'intensité d'amour que tu laisses passer dans tout ce processus. Et plus y a de conscience, plus y a d'amour.

- Par désamour de soi, refus de recevoir.

Conséquence d'un conditionnement fortement engrammé en toi où tu crois que tu n'es pas digne.
En apprenant à t'aimer, en t'autorisant à vivre pour toi car tu es ton unique raison de vivre, contrairement à ce que tu as été amené à croire par conditionnement.
Tu comprendras que tu es l'unique responsable de ton bonheur. Si tu émanes l'amour, tu ne peux que le diffuser autour de toi.
En t'autorisant l'amour, tu offres l'amour.
Nul ne peut offrir ce qu'il ne possède pas !
Si tu offres l'amour que tu te refuses alors tu bloques l'amour, la vie, l'oxygène et meurs à petits feu.
Faux sacrifice de soi sous couvert "d'amour?" Balivernes !!!
Quand je m'aime, je crée l'environnement qui me convient !
Me permettant de me nourrir abondamment et de me déployer pleinement au nom de l'amour !

Ce que la société tente de culpabiliser sous jugement d'égoïsme !

Quand tu t'aimes, tu es en fait rendu coupable de devenir adulte, responsable et libre ! Coupable de fuguer d'un système de manipulation infantilisant par la peur et la culpabilisation victimisante.

Libère toi dans l'amour ! Déploie tes ailes et vole ! Tu en es parfaitement capable. Ta mission est là ! C'est l'unique, celle qui te permettra de vivre pour de vrai ! Celle qui te permettra de te connaître, en vérité !

Fais ton choix et agis en conséquence :

Mouvement de vie VS arrêt de mort.

xxxx

Être libre ?

Selon moi, c'est vivre en paix, en joie, avec bonheur et le sentiment d'être alignée, en harmonie avec ce que je suis, selon mes propres valeurs.

Libre du regard et des attentes des autres.

Libre d'assumer les conséquences de tous mes choix et agissements.

C'est oser me connaître en vérité avec mes parts d'ombre. Et cela nécessite à un moment de m'évader de systèmes qui me retiennent et me bloquent dans mon épanouissement.

C'est identifier ce qui me fait souffrir et crée des déséquilibres en moi pour m'en libérer et ajuster mes croyances pour vivre en état de plénitude.

C'est recentrer mon attention non plus sur les autres mais sur moi pour agir en fonction de ce que je veux faire pour moi, sans attentes, impulsé par l'élan de ce que j'ai envie de donner de moi gratuitement. C'est cette part d'amour qui ne demande qu'à transiter par ce que je suis.

En agissant ainsi, je vais, attirer à moi les personnes prêtes à recevoir de l'amour.
En acceptant de recevoir de l'amour, je ne peux qu'émaner l'amour qui est l'énergie de vie en perpétuel mouvement.
L'énergie stagnante c'est l'énergie que je bloque, que je retiens quand je ne suis pas moi. Puis-je accepter de laisser partir ce qui n'a plus lieu d'être pour mon évolution.
L'énergie fuyante c'est l'énergie que je me refuse par déni de ma nature divine au service de la vie.
Elle est exigeament simple.
Dans les deux cas je me rends malade, c'est ma tête qui commande ma vie de souffrances.
Je suis dans ma vérité lorsque j'accepte de recevoir naturellement suffisamment d'amour pour me nourrir légitimement, et que je m'autorise à en donner gratuitement sans peurs ni craintes.
Être libre c'est accepter le changement, une remise en question permanente de mes intentions en me demandant toujours pourquoi ? Quelle est mon intention véritable cachée derrière mes agissements.
Qui suis-je ? Je suis le fruit de la vie, une alchimie parfaitement, minutieusement calculée et synchronisée par l'amour qui va produire les conditions parfaites pour ma venue dans les conditions idéales pour moi et ce que je suis.
L'amour serait-il logique ? Mathématique ? Oui ! à moi de m'y adonner ouvertement !
Je suis un animal sauvage, doté d'un esprit intelligent adhérant à tout un panel de croyances.
Croyances animant en moi un florilège d'émotions qui vont conditionner mes réactions.
Réactions qui me feront élaborer un environnement à mon image.
A l'image de mon esprit.

Et si je reliais mon esprit à ma nature sauvage et divine pour optimiser mon évolution au maximum et créer un environnement en parfaite harmonie autour de moi ! Un environnement amoureux de moi et où je peux aimer sans limites !

Je suis le fruit de la vie.

L'intelligence de la vie c'est l'amour.

Ladite intelligence humaine c'est la souffrance.

Je suis libre quand je suis relié(e) à l'amour.

En étant libre, je crée dans ma vie des relations équilibrées me permettant d'être ce que je suis, et permettant aussi aux autres d'être ce qu'ils sont.

Quand je laisse la vie être aux commandes, alors je permets la création du fruit de la vie.

Quand je me lie à d'autres êtres libres alors je cocrée de merveilleux fruits de la vie colorés de nouvelles multiples combinaisons de teintes pures et uniques, en réinvention jusqu'à l'infini.

xxxx

Expérience

Je suis coupée de mon pouvoir d'être quand je suis coupée de mes sensations, quand je vis loin de mon milieu naturel.

Je suis alors comme emballée sous vide, en apnée, privée de respirer, sauf sur autorisation, l'air qui m'est fourni, que l'on m'a dit bon pour moi.

Fausse sécurité que je pose sur une autorité extérieure.

Une seule bulle d'air autorisée venant de moi suffira pour voir à quel point je suis suffisant(e).

Embellissant alors ce conditionnement de belles et pures particules de lumières, jusqu'à le dissoudre. Nourriture

divine allégeante, essentielle au déploiement de mon être véritable.
Pourquoi attendre l'empoisonnement ou l'étouffement pour me libérer ?
Mon degré de souffrance dépend de mon degré de soumission, à mon environnement, à la société, à mes blessures, à mes traumas.
En étant coupée de mon corps, je suis coupée de mon essence divine, de mon pouvoir d'être. Sourd(e) et aveugle aux signes préliminaires de mon mal être psychique, je cherche en dehors la cause de mon mal être profond. Je me déresponsabilise car tout m'a fait croire que mon état était la conséquence d'une cause extérieure.
La matrice, la société me coupe de mon état naturel par des couches superficielles qui me rendent imperméable à ce qui est bon pour moi.
Le désir d'allégement, c'est l'appel de L'Être !!!
Aujourd'hui, je réinvestis mon corps,
Je me réveille de mon anesthésie sensorielle.
Reconnaissance, jouissance, renaissance
Je me reconnais par mes sens
Je dis oui à mes sens
Je renais de mes sens
C'est grâce à l'expérience du cœur, que tout prend sens.
Autorise-toi la magie de l'amour, la magie de la vie.

10. Résilience

« Seigneur je ne suis pas digne de te recevoir mais dis seulement une parole et je serai guéri »
Je m'avoue vaincue.
J'admets ma soumission à la vie, à l'amour.
Je cesse de résister par la force.

Je guéris par la foi.
J'existe.
J'accepte mon pouvoir créateur et je le manifeste.
Oiseau libre qui s'échappe et vole bien haut devient non plus vulnérable proie mais intouchable prédateur de sa destinée car il voit, il sait. Bel exemple d'évasion pour l'élévation de ses pairs dans leur nature profonde.
Abandon à ce qui est.
Esprit Saint (r)éveille les cœurs

11. Unité

Pourquoi le vent ?
Pour voire les nuages passer,
Les feuilles tomber de l'arbre,
Le mouvement des vagues,
Le sable virevolter,
Les ailes se déployer, se laisser porter.
Pour entendre le bruit des feuilles,
Celui des arbres qui grincent,
Le clapotis des vagues,
La nature qui s'affole, qui s'apaise
Le bruit assourdissant dans mes oreilles.
Pour sentir le froid faire frissonner ma peau,
Mes cheveux s'entremêler devant mes yeux, me décoiffer.
La douce brise d'été faire vibrer tout mon être.
Sentir un doux parfum venir jusqu'à moi,
De lavande, de jasmin, d'herbe fraîche, de bois mouillé, de cuisine.
Me rappeler que je ne suis rien,
Me rappeler que je suis tout.
Pour voir la vie transformer ses créatures, se renouveler, se nettoyer.

Pour me rappeler que tout est mouvement, tout passe.
Pour ressentir, entendre, voir, goûter, sentir,
Pour me rappeler que j'existe, je suis vivante en tant qu'individu de chair, de sensations, de vie.
Pour me dire "arrête toi je suis là"
Pour me dire " écoute ce que la vie t'enseigne".
Parfois pour me dire "ce n'est pas toi qui commandes !"
Mais aussi pour me dire "je t'aime"
Pour me rappeler à quel point mon corps est important, il fait partie de moi, il est mon reflet, c'est lui mon meilleur guide, outil à ton service, merci la vie je t'aime je suis à toi !

xxxx

Je ne crois pas à l'invisible.

Je suis séparée de ma nature lorsque je demande des preuves de l'existence à l'invisible.

L'invisible c'est l'évidence qui répond lorsque je ne doute plus car je ne fais qu'un avec tout.

Tout répond à ce que je crois.
Si je ne crois pas à ce que je ne vois pas alors je n'aurais aucune réponse de l'invisible car en vrai je n'en veux pas.

Si j'ai peur, alors l'invisible se jouera de moi car je suis l'invisible. Je serai mise à l'épreuve pour vivre mes peurs dans l'unique but de les transcender.

Si je crois n'être qu'un petit être humain séparé de tout, alors je vivrai l'expérience de la séparation selon tout le panel de blessures existentielles dans l'unique but de me faire vivre

L'expérience de l'Amour

dans mes tripes la nature de la puissance de vie qui m'anime selon le choix souffrant que j'ai fait.

Si je crois être la puissance de vie incarnée dans ce corps pour vivre l'expérience de l'amour. Alors j'accueillerai et accepterai tout sans résister car je sais qu'il existe un plan bien plus vaste dans lequel je suis une pièce maîtresse.

La vie est grand un puzzle dont nous sommes tous issus et où nous avons tous notre place. Nous avons le choix d'incarner de manière temporaire un jeu séparé de tous physiquement selon sa couleur et sa forme unique tout en sachant la beauté de son unification éternelle.
Mais également d'incarner séparément un jeu en voulant en créer un nouveau avec une nouvelle forme, une nouvelle couleur, mais souffrant de solitude et de ne jamais trouver réellement sa place car séparé de tout et de tous.

Si tu cherches à changer ta forme pour une forme que tu n'es pas en l'encombrant, et c'est ton droit, tu risques de construire un nouveau sous puzzle fictif avec de fausses pièces périssables que tu seras de toute façon mené à détruire, dans cette vie où dans une autre, pour intégrer le plan prévu par Dieu, par la Vie, par l'Univers.

Nous sommes tous invisibles avant d'être incarnés dans ce corps. Notre finalité corporelle et existentielle actuelle dépend d'abord des choix de nos ancêtres puis de nos propres choix. Nous sommes le résultat de toutes nos croyances propres et héritées consciemment, inconsciemment.

Peut-être avons-nous tous en nous des parts de sous puzzle

greffés et que le but de notre existence serait de détruire ces pièces rapportées en s'allégeant de ces déformations qui nous rendent impossible a emboîter. Et ce, dans l'unique but de réintégrer notre puzzle source afin de cesser la souffrance d'exister.

Chaque part de souffrance qui s'apaise est un cœur qui grandit pour diffuser plus d'amour. Chaque ombre mise en lumière devient un phare chasseuse d'ombre.

Vivre pleinement notre incarnation avec conscience et présence à nous-même est le meilleur moyen de s'alléger, de se guérir soi-même mais aussi d'alléger le monde de souffrance.

La maladie passe par le corps, la guérison aussi en m'allégeant des filtres qui empêchent l'énergie de vie de la source de passer en moi.

C'est en t'allégeant de tes encombrements que tu peux briller de ta plus belle lumière.

Tu es connecté à ta nature profonde lorsque tu as la certitude d'être relié à plus grand que toi.

Le jour où tu cesseras de douter alors ta vérité se montrera à toi comme une évidence. Plus besoin de preuves, tu sauras qui tu es, d'où tu viens et ce que tu es en mesure d'offrir, de t'offrir.

Car à la source tout est parfait et a sa raison d'être indiscutable, évidente.

Ce qui t'empêche de croire en toi c'est tout ce qui ne vient pas de toi. À chaque pensée demande-toi est-ce que cette pensée est de moi ? À chaque action demande toi est-ce que je réagis en fonction de ce que je veux réellement ? De quoi

ai-je envie ? Qu'est-ce que je veux éviter ? Se questionner sur la réelle intention, le vrai pourquoi je fais les choses.
Vivre en conscience, être véritablement présent à soi, aux autres. Peu importe le jeu que tu choisis, le faire en conscience te permettra d'assumer et d'accepter tout.

Prends soin de toi, surveille tes pensées et trouve ton moyen de te connecter à ton cœur, à ta vérité pour la manifester de la manière la plus juste pour toi.

Le jour où tu auras réalisé qui tu es réellement alors tu cesseras de douter.
Tu n'auras plus de questions mais que des réponses.
Tu auras toutes les réponses aux questions que tu ne poseras plus.
L'évidence se manifestera partout dans ta vie, pour le meilleur et pour le pire.

Tes doléances seront conscientes, intelligentes et créatives.
Tes agissements sans hésitations.
Tu es uni à tout et tout répond à qui tu es.
Un fruit de l'amour voué à vivre l'expérience de l'amour.

Je suis l'UN visible.

12.   Deuil périnatal

Vis vent !
Dans le couloir de la vie,
Un vent d'amour est passé.
Un rendez-vous de la vie,
Un plan bien ficelé.
Nos chemins se sont croisés,

L'expérience de l'Amour

Nous avons même cohabité.
Echanges de vie intimes,
Nos âmes se sont parlées.
En songe tu m'as prévenu,
De la venue d'une vague
D'émotions sans pareil.
De moi tu as fait,
L'innommable maman orpheline,
Mamange auto-proclamée,
D'une société malade,
Qui rejette la souffrance,
Au point d'être innommée.
De moi tu as fait, celle,
Qui a compris que tout passe,
Le meilleur, comme le pire.
Il est possible de tout prévoir, tout construire.
Mais au final c'est la vie qui décide !
Un plan beaucoup plus vaste,
Accueilli par la foi,
Facile, évident et abondant,
Que seul mon cœur entend.
Je n'ai qu'un seul devoir,
M'abandonner à maintenant !
Aller jusqu'au au bout de mes inspirations.
Mon cœur me montre la direction,
C'est ma personne qui met en œuvre,
Ce que la vie qui m'enseigne,
Leçon après leçon.
Ayant pour seul but la paix,
L'accès au bonheur,
Qu'importe les circonstances,
Dans tous les domaines de ma vie.
Et devenir à mon tour,

Instrument de croissance.
Au service de la vie.
Aaron, petite lumière dans l'ombre,
Tu aurais presque 16 ans.
Mais quel âge as-tu vraiment ?
Et qu'est-ce qui compte vraiment ?
Compter l'âge de ton absence ?
Ou savourer l'enseignement de ton silence !

13.   Point de vue

Même point de vue, différentes vues.
Le plan est bien plus vaste que celui de chacun.
Ma position est mon pouvoir d'action !

xxxx

Je suis un poisson rouge.
J'habite dans un bocal.
Ma maison je la connais par cœur.
Elle est limitée mais ça me rassure.
J'y suis bien, même si je suis souvent seul.
Les personnes que je rencontre sont des géants.
Je les vois à travers les parois de ma maison, de l'autre côté.
Comme ils sont beaux ! Ils sont si grands ! Ils doivent tout savoir ! Waouh !
Je les vénère, même s'ils me font peur mais je suis en sécurité dans ma maison.
Je crois qu'ils m'aiment, ils me regardent tourner en rond, je le fais si bien, je suis fier !
Je pense qu'ils m'ont acheté pour ça, alors je m'exécute, que faire d'autre de toute façon.
Mais pas de contact, sinon je meurs !

L'expérience de l'Amour

L'autre jour je manquais d'air car mon bocal était sale.
Je suffoquais, alors j'ai sauté.
Et devinez quoi ? J'ai tout vu autrement !
Tout était là pourtant ! Comme d'habitude, au même endroit,
Mais les couleurs étaient plus vives, les objets avaient une autre forme,
Tout était plus clair ! Les sons aussi !
C'était magnifique ! Il m'a semblé apercevoir une ouverture sur dehors,
Dehors existe ! J'y ai vu une belle lumière !
Une idée complètement saugrenue m'a alors traversée l'esprit.
Et s'il existait autre chose, au-delà du point de vue de mon bocal où l'on m'a enfermé ?
Et s'il existait un océan dans un ailleurs, empli de richesses insoupçonnées ?
Avec des êtres semblables, qui nagent, des différents aussi.
Mais pas en rond, qui avancent, constamment, qui explorent, découvrent, apprennent.
Et s'il suffisait de prendre de la hauteur pour voir ce qu'il y a au-delà des apparences.
Et si au-delà du conditionnement, de la boite dans laquelle j'ai été enfermée et dans laquelle il m'a été donné de croire qu'il en dépendait ma survie, j'avais un pouvoir !
Le pouvoir d'être libre, sauvage,
Le pouvoir de faire les rencontres qui me plaisent,
Sans avoir à supporter ceux qu'on a mis dans mon bocal,
Bardés de jugements et avec qui je dois me battre pour survivre, ou bien me soumettre.
Le pouvoir de ne pas avoir peur,
Celui d'aimer sans condition ! gratuitement ! juste aimer et se laisser aimer.

Et si et si je pouvais être moi, faire ce qu'il me plaît, arrêter de tourner en rond en pensant que je n'ai pas le choix, que je suis une victime de la vie, de ces grandes têtes.
Et si je pouvais créer ! Mieux encore, cocréer mon monde en unissant mes forces avec celles des autres !
Ce pouvoir qu'autrefois certains ont payé cher est accessible aujourd'hui, à portée de main,
Il appartient à chacun de créer son paradis
Cela demande un effort, l'effort d'oser ! De prendre des risques aveuglément.
Par la seule boussole de la foi.
Mais foi en qui ? en quoi ?
Autrefois, j'aurais dit en Dieu, aujourd'hui je dirais plutôt en la vie, en la création, au sans nom, en la source, peu importe le mot, c'est tellement réducteur un mot !
Et s'il suffisait de ne rien croire, mais d'expérimenter, de se laisser traverser par la vie,
Et s'il suffisait de tout perdre pour tout gagner !
L'élévation c'est la mort de l'égo.
Accepter que tout, absolument tout soit remis en question pour changer,
Prendre le risque de mourir pour renaître de ses cendres, tel le phœnix !
Mourir pour renaître repenti au nom du Christ accompli !
Mais non au sens dogmatique, au sens AMOUR.
Énergie d'amour pure ! Énergie de création.
C'est ça la joie ! se laisser traverser par l'amour, diffuser l'amour.
Lumière d'amour qui éclaire l'ombre, qui ouvre les yeux de la conscience sur nos erreurs à ne plus reproduire, pour rebondir et tirer les leçons de nos échecs, de nos difficultés.
Il n'est pas nécessaire d'être à bout de souffle pour sortir la tête de l'eau !

Je peux le décider à tout moment ! Ainsi je n'aurai plus besoin de personne pour laver mon bocal,
et nous prendrons bien soin ensemble de notre belle création!

14. Colère

C'est quoi et à quoi ça sert la colère ?

Elle fait partie du panel des émotions vues comme négatives, elle est désagréable pour le corps. La colère est éprouvante à vivre pour soi et les autres. En réaction à la colère le corps peut amener à de la violence physique, verbale.
Peut-on dire que la colère c'est de l'intolérance vis à vis de l'autre ? De la situation ? De soi ?
Face à ce qui n'est pas vu, par déni, par manque d'amour, … par choix ?
En tout cas c'est l'expression d'un inconfort que je ne sais pas exprimer autrement.
Car je n'ai pas identifié clairement ce qui me dérange.
Pourquoi ? Parce que je ne me respecte pas ? parce que je n'ai pas appris à me respecter ou que je suis dans l'incapacité de le faire ?
C'est une pulsion violente auto destructrice qui peut faire des dégâts collatéraux.

La colère et moi

J'ai toujours eu de l'aversion face à la colère qui est une émotion forte par la violence corporelle qu'elle implique.
Et j'ai toujours fait en sorte de ne pas me mettre en colère, ou en tout cas le moins possible. À tort ? À raison ?

En société, il semble qu'elle soit tolérée pour "se faire respecter".
Se mettre en colère c'est avoir du caractère ! C'est s'affirmer ! ... Personnellement je vois plutôt l'aspect : prendre le pouvoir sur l'autre en criant plus fort que lui ou en lui faisant peur, en le dominant. Même si en tant que parent, quand je me suis mise en colère après mes enfants (si si c'est arrivé !), j'ai plus eu l'impression que cela a servi à "passer mes nerfs" plutôt qu'à obtenir quelque chose d'eux de constructif !
La colère gronde ! Mais elle gronde qui ?
Elle gronde l'extérieur, fait du bruit ! Elle détruit, elle dérange, elle déstabilise, fait perdre le contrôle. Quand je suis en colère, Il y a comme une dysharmonie en moi qui fait que je ne suis pas en paix.
Quand je suis éloigné(e) de ma vérité personnelle, je m'en veux et cela me fait ressentir et vivre de la colère.

Je note ici trois situations où peut apparaître de la colère :

1. La colère prévisible, comme réponse habituelle à une situation perçue désagréable ou hors de contrôle

La réaction de réponse spontanée par la colère face à une situation qui est perçue désagréable, peut-être une habitude, un mécanisme de fonctionnement inconscient, dans la construction de la personne par mimétisme au schéma parental par exemple.
Dans ce cas, si la personne souhaite changer ce fonctionnement pour gagner en paix intérieure, il est tout à fait possible de transformer ce fonctionnement avec un

travail sur soi. En prenant du recul sur chaque situation où la colère nait spontanément en réaction par habitude.
Je pense qu'il est important, dans ce cas d'apprendre à maîtriser sa colère avec recul et sagesse plutôt que de se laisser dominer par elle.
Nous sommes tous l'aboutissement unique et complexe de nos matériaux de construction. Chaque modèle est un personnage unique et sur mesure mais heureusement modulable à souhait !

2. Le déni de soi, colère profonde

Un bébé qui vient de naître exprime sa vérité. Il ne sait pas faire autrement ! Il ne sait pas faire semblant ! (Oui oui faire semblant ça s'apprend !).
Il exprime à travers son corps ses émotions sans retenue.
Il réagit spontanément en réponse aux stimuli intérieurs, ses besoins, son état d'être, et extérieurs, par le biais de l'émotion. Ce sera la jauge de son état de santé physique, psychologique.
Quand un bébé arrive sur terre, il sait qu'il nait pour jouir d'être ce qu'il est à travers les expériences et les circonstances que lui offrent la vie et que c'est sa mission.
La mission de se laisser traverser par la vie, de s'accepter et de s'aimer.
L'enfant est ensuite stoppé dans son élan joyeux "d'être", car il perçoit qu'il ne lui est pas permis par son environnement d'agir ainsi ! Il doit se plier à des codes, à des règles pour rentrer dans les rangs de la société, et en faisant le moins de bruit possible.
Ce qui lui est extrêmement douloureux, le bride et provoque les fameuses crises de colère, puis de révolte à l'adolescence, et parfois même après, l'adulte éternel révolté !

Cela fera comme un poids à l'intérieur de lui. L'enfant vulnérable, maniable, se sent obligé de prendre en otage une part primordiale, essentielle, de lui, qu'il emprisonne. Cette part de vérité qu'il n'aura pas su exprimer par peur des représailles, il aura appris à l'enfouir bien loin, à l'oublier sous peine d'être coupable, responsable du malheur des autres. L'amour sous conditions...

C'est le ravalement de nos façades à toutes et tous. Le début des jeux de cache-cache pour ne pas se montrer tels que nous sommes sous peine... de quoi ?

De décevoir, ne pas être aimé, se sentir coupable, responsable du malheur des uns, du bonheur des autres... je déresponsabilise l'autre en me pensant indispensable à sa survie. Quel fardeau ! Donc comme je crois que l'autre est responsable de ma vie, je lui lègue tout mon pouvoir... je suis victime... quel gâchis !

Dans le fond je sais, je connais la vérité. Alors je gronde de colère à l'intérieur, je bouillonne de haine contre moi-même de m'être à ce point laissé(e) manipulé(e) ! Un bouillon qui frétille et prend de l'ampleur à chaque blessure d'âme réactivée. Et c'est une bulle colorée de cette douleur bien connue qui refait surface à chaque fois, de plus en plus grosse, et ce dans l'unique but d'écorcher le masque pansement, jusqu'à mettre complètement à nue cette blessure.

L'appel de la douleur c'est pour guérir. Souffrir c'est la première marche pour guérir, vraiment.

Guérir de ce mal qui me ronge, de cette rancœur qui m'empêche de vivre pleinement ma vérité.

Est-il nécessaire de vivre pleinement cette colère ?

Selon moi : oui...et non ! Car elle est sans fin, violente, douloureuse et insatiable pour ma tête qui ne demande qu'à s'en alimenter, encore et toujours.

**L'amour est seule source de guérison
Au moins je vis ma vérité, au plus je stock de la colère. Je m'en veux, de ne pas être capable d'assumer qui je suis.
Et ça me ronge à l'intérieur. Comme un poison à effet lent, progressivement cette colère prend possession de moi, elle me possède jusqu'à en perdre le contrôle de mon corps. C'est une comme si une entité s'était s'emparée de moi. Une possession démoniaque qui me rend malade.
Comment la libérer ?
Quand j'en suis capable, alors je décide de voir et d'accueillir cette blessure, en toute transparence.
Il est tout à fait possible de se libérer de cette colère par un processus lent et doux. Petit à petit, par petites touches, cela nécessite de mettre de la clarté sur qui je suis, de quoi j'ai envie, de quoi j'ai besoin. Et à chaque mise en lumière, écouter mon corps. Ai-je vraiment besoin de vivre cette colère si longuement ravalée, mise dans l'ombre ?
Je décide alors :
- D'accepter et comprendre qu'en faire l'expérience faisait partie de ma vie.
- De pardonner à ceux qui m'ont fait souffrir, leur donner le droit d'avoir fait ce qu'ils ont pu avec ce qu'ils étaient, leurs bagages et leurs capacités et me pardonner de leur en avoir voulu, me donner le droit de leur en avoir voulu.
- De poser de l'amour sur cette blessure, beaucoup d'amour. Cet amour à lui seul peut suffir à transmuter cette colère.
- De décider de changer ! Cela implique de l'engagement dans l'action avec foi, et ce pour acter ma réelle motivation de changer, et être aligné(e) dans ma vie avec ma vérité.
- De reprendre ma part ! Cette part c'est mon pouvoir ma liberté d'être !

3. La colère pour défendre son territoire, son autorité :

C'est le refus de subir, de vivre cette situation que je n'ai pas choisie consciemment. Le refus de vivre de l'inconfort, de la souffrance, de la tristesse face à une agression extérieure.
Je ne sais pas si cette colère est légitime mais dans certains cas, face à une guéguerre d'egos, elle est bien utile pour se défendre et ne pas se laisser marcher sur les pieds. Dans la limite de la bienveillance respectueuse de l'autre et de soi bien sûr.
Il y a aussi la colère de fatigue, celle qui pointe quand je manque de sommeil, quand je me nourris mal, quand je néglige mon corps.
Et sûrement bien d'autres....

Selon moi, quand la crise de colère surgit, comme pour la maladie, c'est un signal d'alarme du corps qui appelle la conscience sur quelque chose qui a besoin d'être vu, accueilli et embrassé.
Il est nécessaire et vital, je pense, de laisser l'émotion de colère nous traverser lorsqu'elle nous envahie beaucoup. A condition de poser un cadre qu'il appartient à chacun de se créer, pour la décharger de manière sécure pour soi et pour les autres.
Je suis même convaincue qu'en s'autorisant à vivre cette colère (que peu s'autorisent à mon avis, moi la première), beaucoup de mises en lumières pour guérir fleuriraient comme par magie

15. Jugement

Le JUGE MENT,

Il me permet de voir ce qui est, la vérité, sur moi.
"Que celui qui n'a jamais péché jette la première pierre"
Même si Jésus m'inspire beaucoup, mon premier maître c'est la NATURE !
La pâquerette reproche-t-elle à la tulipe sa grandeur ?
Le châtaignier préférerait il pousser dans les tropiques ?
La nature est par défaut dans son état d'être. Elle s'épanouit, elle s'adapte, même au pire.
Et sans vouloir changer pour être ce qu'elle n'est pas.
Elle est en sécurité car elle se connaît, elle sait son rôle et son importance.
Elle a même de la répartie quand il faut, un bon système de défense lorsqu'elle est agressée.
L'homme est doté d'un outil formidable qu'il doit apprendre à manier avec tact. Malheureusement, ne sachant pas s'en servir, il en est bien souvent victime.

Il est doté d'une intelligence hors pair, peut faire des choix et prendre des décisions pour construire sa vie telle qu'il la souhaite.
Pour ce faire, il sera d'abord mis en PRISON, anesthésié, séparé de son union divine, avec plus ou moins de barreaux dans sa cellule, qui viendront agrémenter son enfance.
On ne lui donnera pas la règle du jeu pour s'échapper, mais il aura tout un panel d'outils matériels dont un, le plus beau ! : de semblables compères avec qui il pourra jouer, interagir à souhait !

L'expérience de l'Amour

Même si je n'en ai pas conscience, mes semblables seront ma plus belle opportunité d'évasion !

Comment ?
En retrouvant mon état naturel, celui de l'équilibre. Chaque réglage juste dissoudra un barreau qui me permettra de diffuser un peu plus mon essence.
En pratique :
Quand je juge quelqu'un, je me compare, me situe par rapport à lui.
L'autre est un témoin qui me permet de mettre en lumière mes déséquilibres, mes limites.
Je prédéfinis la position de mon curseur par rapport à celui de l'autre, lui aussi définit par mes soins, sur l'axe de ma construction, selon là où j'en suis présentement.
Plus il y a de données sur mon axe, plus il y a de la distance, et plus l'autre paraît loin de moi, intouchable, inaccessible.
Si je me dépouille de ce qui m'encombre ou si je me nourris de ce qui me manque pour atteindre l'autre, alors, je comprends que je suis l'autre, au même niveau, et je suis en mesure de le rejoindre.
Quand je juge, je donne mon avis, me positionne par rapport à ce que je vois de cette personne.
C'est une jauge parfaite qui me permets de voir où j'en suis. Elle me permet de tester mon empathie et ma capacité d'aimer.
Le jugement c'est un outil parfait d'évolution !

*Quand je ressens du mépris vis-à-vis de quelqu'un, je suis incapable de me mettre à son niveau. Je me considère plus élevé et mon ego surchargé (de mes croyances conditionnements, blessures, traumas...) me met dans l'incapacité de me mettre à sa place.

L'expérience de l'Amour

Qu'est ce qui me dérange chez cette personne ?
Pourquoi est-ce que je me crois supérieur(e) à elle ?
Pourquoi j'accuse le manque de cette personne au lieu de voir ce qui m'encombre ?
Ai-je peur de manquer ? Manquer de quoi ?
De quoi est il prioritaire de me décharger ?

* Si je jalouse l'autre, je l'envie d'avoir quelque chose que je n'ai pas, il y a un manque.
Quel est ce manque à l'intérieur de moi ? l'extérieur n'étant que le reflet matérialisé de mon intérieur.
Manque d'estime, d'amour, de confiance, d'affection, de sécurité, …
>>J'admire les qualités de l'autre que j'ai en moi mais que je n'ai pas encore déployées.
A moi de tout mettre en œuvre pour apprendre à les développer.

*Cette personne me renvoie du dégoût : cela me permet de voir ce dont je n'ai pas besoin, ce qui est nocif pour moi et de m'en préserver.

*Je crains cette personne, comme si elle était contagieuse.... de quoi ? De son malheur ? De sa puissance ? j'ai comme peur d'être contaminé.
Cela me renvoie mes peurs, celles sur lesquelles j'ai besoin de poser ma conscience.
Qu'est-ce qui me met dans l'inconfort chez cette personne.
Pourquoi je fuis ? Et quoi ?

*Quand il n'y a ni mépris ni envie, ni dégoût, ni crainte envers l'autre, je suis en mesure de me positionner au même niveau, j'ai de l'empathie, ce qui me permet de voir ses (mes)

qualités, mais aussi ses difficultés, ses faiblesses, ses souffrances, ses limites.
- Soit il y a une demande exprimée de sa part et je suis en mesure d'aider cette personne :
Elle, consciemment ou inconsciemment, dans la tourmente et l'aveuglement de cette charge ou de ce manque, sera attirée vers moi qui suis en mesure de la comprendre, de la soutenir et de l'accompagner dans le réalignement de ses propres rails.
- soit pas de demande, je suis impuissant, incapable de rentrer vraiment en relation et de créer un lien avec celle-ci. Dans ce cas, soit il y a frustration (donc besoin d'équilibrage), soit acceptation de la situation et je m'y résilie,
Le choix du timing de la rencontre lui appartient.
Je ne peux prendre le pouvoir de l'autre en jouant au sauveur coûte que coûte. Je le respecte, je me respecte.

Selon les critères prioritaires à harmoniser j'y aurai de l'attirance pour mon semblable. Pour conserver ce que j'ai acquis, par peur de le perdre, peur que celui qui en est dépourvu m'en dépouille.
Je me servirai de lui pour m'aider, en voyant chez lui ce que je n'arrive pas à voir chez moi et guérir ensemble.
Et oui, en réalité, mes angles morts ne me permettent pas de me voir tout entier, tout seul. Je me reconnais en lui, il se reconnait en moi. Je m'aide en aidant l'autre ! Avant tout.
Et tout est décuplé, la force d'amour aussi !
Plus je suis centré dans un domaine, plus je suis capable d'aller y voir l'autre où il en est, plus je suis capable de l'aimer.... Car je le comprends.

Et quand je me réjouis du malheur de l'autre ? :
"Il est puni, il l'a bien mérité !"
C'est que j'ai un surplus de fierté ? un manque d'humilité ?

Ou d'une certaine manière je comprends qu'il est secoué pour un rétablissement de l'ordre des choses, afin qu'il atteigne un certain équilibre et cela me réjouit ?
A méditer...

Un équilibre est-il un acquis ?
Je pense que oui, même s'il est fragile et que les circonstances de la vie peuvent le faire vaciller un peu.
Quand j'ai atteint un équilibre, normalement je le maintiendrais, ayant goûté l'effet du bien être procuré.
Il me permet d'évoluer et me focaliser sur autre chose, évoluer dans un autre domaine.
>> L'autre est un garde-fou qui me confirme le maintien de cet équilibre.
Alors oui juger et critiquer cela est constructif ! A condition de prendre de la hauteur sur ma petite personne pour venir toucher et réveiller en moi ce qui se doit de l'être. Aussi difficile et éprouvant cela soit-il !

xxxx

Le jugement dérisoire

J'aime poser de la conscience sur ce qui me touche, cela me permet de comprendre certains comportements afin d'avoir davantage de compassion envers les autres et envers moi-même. Ainsi je me remets en question pour ajuster mon positionnement et retrouver mon équilibre très rapidement en devenant pleinement maître et responsable de ma vie.
Tout en sachant qu'en fonction de mes filtres personnels, le degré d'intensité de l'intention émise peut être bien différente de ma perception !

L'expérience de l'Amour

>> La question consciente est : pourquoi le jugement dérisoire sur ma nature profonde me fait il réagir ? Comment passer outre ?

Celui qui juge se compare sur une échelle définie par la société selon des principes et codes sociétaux en leur donnant de l'importance, suivant une norme à atteindre, estimant donc un niveau d'infériorité ou de supériorité pointant les différences.

>La conscience de la sagesse pose son regard sur la nature du critère souvent dénué de bon sens plutôt que sur la jauge elle-même.

Je pense que le jugement dérisoire c'est le jugement des ignorants qui cherchent le ralliement à d'autres pour se donner le poids de l'importance, pour se défendre de leur manque de confiance, d'amour et de leur insécurité, laissant l'accusé dans une position de faiblesse par le mépris en masse sans compassion.

C'est se nourrir de la souffrance de l'autre, en se confortant dans la sienne pour lui donner raison d'être. Manque de courage et de force de la voir pour la changer.

Une forme de masochisme qui prend du plaisir à souffrir. Une auto-punition qui va donner satisfaction jusqu'à vouloir s'alimenter à l'infini ! Et ce, jusqu'à ce qu'un jour peut-être ce programme soit démasqué !

Celui qui se rallie à d'autres pour rabaisser, attaque pour décrédibiliser et toucher l'autre dans son intégrité, parfois de manière non assumée lorsqu'elle est sournoise et cachée.

L'arme est donc le ralliement de force qui a pour cible le corps émotionnel.

Alors pourquoi cela me dérange ?

Cela ravive des mémoires de mon enfance, d'autres vies, voir ancestrales et soulève en moi L'injustice de la mise au rang des accusés condamnés d'office.

Voir qu'il est possible de toucher de cette manière est une façon de tester son pouvoir et de se sentir exister.

Il en découle un sentiment de supériorité, de toute puissance, au détriment de l'autre.

Mon positionnement face au jugement dérisoire : il n'est pas possible de me faire du mal lorsque j'ai une place d'amour. Pour trouver cette place où je ne suis pas constamment, surtout lorsque je me sens victime : je me positionne dans mon cœur, j'accueil, je ne prends rien personnellement, j'accepte ma place de sage qui me permet d'envoyer de l'amour à mes bourreaux pour me libérer de cette charge.

Les blessures et le vécu de l'autre ne sont pas les miens et je n'ai pas le pouvoir de changer l'autre s'il n'est pas prêt à le faire.

Si besoin, je vois et conscientise ce que cela vient toucher en moi avec amour et douceur. J'ai de la compassion et j'envoie de l'amour à mon bourreau.

Cette énergie agressive ne m'appartient pas, elle ne m'atteint pas.

Je me respecte et je respecte les autres pour ne pas me laisser manipuler par un jugeur dérisoire en osant affirmer si j'en ressens le besoin, ma vérité propre.

Quant au jugeur acharné, ce comportement ne lui donnera jamais satisfaction car ainsi il alimente son désamour et s'entoure de jugeurs comme lui, créant un environnement de faussetés, de déceptions et de souffrance, dénué d'amour et de compassion.

Il ne cherche pas à convaincre car souvent il se sert de n'importe quel prétexte, même dérisoire et infondé pour se moquer, c'est juste un être souffrant, mendiant d'amour ignorant qui ne récoltera ainsi que souffrance, déception et solitude par la tristesse qu'il provoque.

L'expérience de l'Amour

Ceux qui se respectent ne s'entourent pas de personnes fausses et méchantes et n'alimentent pas ce jeu malsain, en revanche ils compatissent de la souffrance cachée.
Mais lorsque la personne est "moquée gentiment" sans public, c'est sans intention de la vexer. Entre seuls protagonistes, cela peut être un moyen de relationner avec elle, simplement en lui portant de l'attention, sans malveillance, bien au contraire !
Quel est mon intention réelle au jugement ? Quelle attention j'apporte à l'autre dans ce fait ?
Chaque réaction émotionnelle forte est une blessure ravivée, un cadeau à déballer avec grand soin et précaution. C'est une parfaite opportunité de pardon et de guérison.

xxxx

Le jugement ne concerne que celui qui l'émet.
A quel point cela t'affecte ou t'étonne reflète ton manque de confiance en toi.
C'est à toi de te façonner, pas aux autres !
Cesse de léguer ton pouvoir personnel et vois toi à travers ton propre regard, ainsi tu connaîtras ta valeur et réaliseras à quel point elle est grande et inestimable pour ne plus douter de toi !

16.   Ouverture de conscience

Un jour j'ai reçu du ciel une grosse vague de lumière, elle a traversé mon cœur et mon regard sur la vie a changé !
A l'époque je voyais ça comme une douche d'amour, même si je n'y voyais pas très clair... mon ressenti quasi surnaturel était pourtant bien réel.

Ce qui a embrouillé mon esprit a mis de la clarté en moi.
J'ai changé progressivement de lunettes, me permettant de voir la vie d'une toute autre manière. Avec d'autres yeux, ceux du cœur, ceux qui comprennent, par l'élargissement du champ de vision qu'ils permettent.
Ma vision a changé. Seulement depuis, ma personne cherche à se mettre au diapason de ce nouveau son, pour vivre en harmonie avec ce qu'elle perçoit et capte. Bien qu'il y ait encore beaucoup de fausses notes, car cela demande un ajustement engageant et constant, cette mélodie ne demande qu'à être ajustée, jouée et partagée.
Et à chaque regard de vérité posé, c'est à dire sans déformation de mon inconscient pour ne pas voir, se produit une profonde reconnexion à une part de moi qui n'attendait qu'à être vue, accueillie et embrassée.
Un accordement nécessaire de l'instrument aux paramètres uniques et personnalisés, au diapason de la vie, ô combien bénéfique dans l'orchestre de cette magnifique symphonie.
Tout ça pour dire que ma tête cherche toujours à comprendre .... Ce que mon corps sait déjà !

  ∞ Qui-suis-je ?

Même si mon corps sait, ma tête réclame quand même à s'y accorder, elle fait partie de l'instrument.
Et là je me suis demandée,
"mais en fait, qui je suis ?"
Incapable de répondre à cette question existentielle, je me suis alors demandée "Qui ne suis-je pas ?"
J'ai remarqué que toutes les fois où je me suis forcée pour "paraître", dans le but d'être acceptée, cela me mettait en difficulté jusqu'à créer des incompréhensions, comme des bugs à l'intérieur de moi, les fameuses fausses notes.
J'ai maintes fois, après observation des autres, et par empathie, réagis par mimétisme et habitude et en fonction

de ce que l'autre attendait de moi ou de ce qu'il pouvait ressentir.
Au point de me rendre compte que je n'étais plus capable de me voir vraiment exister.
J'ai réalisé que tout ce qui me demandait de faire un effort et de "sortir" de moi, je ne l'étais pas.

∞ Comment je perçois ce que je ne suis pas ?

Tout ce que j'ai appris, je ne le suis pas. Car qui je suis ne s'apprend pas. Je suis par nature ! A condition de m'en souvenir...
La musique de la vie se joue sans partition car elle existe dans l'instant, elle change tout le temps, elle s'improvise. Et il ne peut y avoir aucune fausse note, car elle se découvre en se jouant ! D'intensité et de rythmes différents à chaque moment. Elle est d'une justesse incroyable car elle s'harmonise parfaitement avec celle de la nature qui m'environne et d'autres qui viendront agrémenter l'orchestre, s'y reconnaissant et venant à leur tour greffer leur voix pour rendre la musique encore plus mélodieuse, encore plus belle, encore plus vibrante.

∞ La (re)découverte de soi :

Cela demande donc de connaître parfaitement l'instrument, et par sa maîtrise en manier toutes les subtilités. C'est par l'usure et la pratique que j'expérimenterai les erreurs et fautes qui enseignent, en découvrant ses atouts, ses faiblesses.
Et par voix de conséquences, procéder à un grand déballage, un dépouillement total pour libérer cette cacophonie de chaque fausse note, une à une.
Évidemment cela demande une bonne dose d'humilité et de courage !

∞ J'ai créé qui je crois que je suis, pour oublier qui je suis. Dans le seul but de m'en rappeler !

L'expérience de l'Amour

En fait, tout ce qu'il m'a été ou que je me suis imposée d'extérieur à moi, notamment les événements, les apprentissages, par obligation, et sans plaisir, je ne le suis pas. J'ai appris à m'identifier à des facteurs extérieurs à moi : mon prénom, où je suis née, mon métier, où je vis, ma couleur de peau, l'ami de, la fille de, l'épouse de, la mère de, comment je suis perçue, mon caractère, mon physique....

J'ai appris que j'étais les circonstances attenantes à ma personne.

Je crois que je suis ce que je fais, ce que je possède, ce qui m'a été attribué, où je me situe dans l'espace. Je m'identifie à mon monde, je crois que je suis mon monde. Avec ses limites. J'ai appris que j'étais dépendante.

J'ai appris aussi que rien ne pouvait venir de moi si je n'avais pas appris. J'ai appris à me soumettre, j'ai appris à m'identifier à ce que j'ai appris à faire, j'ai aussi appris à me cacher, pour que l'on ne me voit pas telle que je suis, car ce que je suis n'est pas aimable, digne ...dixit la blessée vivante d'émotions, mais bien aussi la naturelle authentique.

Ma personne est l'effet qui va naître de conséquences.

Les conséquences du passé, l'anticipation des conséquences du futur.

Une vie "identitaire" se pense, elle souffre de la nostalgie du passé et de l'angoisse du futur. Elle est souffrante.

Mais quelle violence "d'être", ce à quoi je m'identifie, que je déteste, et qui me fait peur !

Ne serait-ce pas la cause d'autant de violence, de haine et de souffrance dans ce monde ?

∞ Je suis une victime :

En subissant qui je ne suis pas, je délègue mon pouvoir.

J'ai appris le désamour, je suis une victime.

J'ai été habitué à me positionner en dehors de moi, en fonction de ce que je vois avec mes yeux, ce que j'entends avec mes oreilles, ...

En me limitant à ce que je perçois avec mes 5 sens, récepteurs du monde extérieur, je suis confortée dans l'illusion de mon personnage, reflet de qui je crois être esclave et qui me sépare de tout.

∞   Voir et accepter "l'inacceptable" :

J'ai appris à ne pas être.
J'ai appris à faire confiance aux institutions qui me maltraitent alors que moi-même, je ne me fais pas confiance !
En fait j'ai appris à me maltraiter, à me renier, à être esclave, à souffrir,
J'ai appris à faire, j'ai appris à devenir en faisant.
Je n'ai pas appris à être !
Pourquoi ? Être ne devrait-il pas couler de source ?
Et parce que j'ai appris à faire, je bloque ce que je suis, pour ne pas voir la vérité en face. Et je ne sais pas qui je suis.
Selon moi, le plus gros mal c'est le déni de soi...

∞   Ma vérité actuelle qui se crée de l'intérieur, est visible à l'extérieur :

La vérité, c'est que mon corps, les circonstances de ma vie sont l'émanation de qui je suis à l'intérieur... alors que j'ai uniquement appris à changer l'extérieur.

∞   Quand je suis prête, je réceptionne, je m'ouvre à l'infini du champ des possibles :

Ce que l'on ne m'a jamais appris, c'est que j'ai d'autres sens internes qui sont l'essence de mon être. Ce sont ceux qui parlent de ma vérité profonde, que j'ai parfois bloqués et qui font de moi un être libre et illimité !

-   L'amour divin, gratuit, sans condition que je ressens.

- Mes intuitions qui m'orientent et me guident par tous mes sens internes, subtils.
- Mes pensées et émotions qui en découlent, leur vrai rôle et origine.

Elles me rendent souvent esclaves alors que c'est à elles de me servir.

∞ Je suis donc une personne responsable, avec le désir profond de participer à l'ouverture des consciences vers plus d'amour :

Si je m'aime, je me respecte, et je suis dans l'incapacité totale de me renier, de subir de la violence, des abus, et encore moins de me sacrifier, car je connais ma puissance et le précieux de ma vie, et celle des autres.

Quand je réalise cela alors il m'est impossible de subir et de participer à la victimisation de l'autre.

>> Quand le focus est mis sur ce qui ne va pas, soit je change de situation, soit je change mon point de vue.

Je deviens un exemple et un soutien pour ceux attirés vers leur accomplissement personnel.

∞ Comment être qui je suis ?

Pour être qui JE suis, il me faut : désapprendre ce que crois savoir pour vivre et comprendre QUI je suis dans mon corps dans mes tripes et dans mon cœur.

Une vraie vie se vit, chaque instant avec ses intensités, ses inspirations, ses élans, ses mouvements !

Sortir de ma tête pour intégrer mon corps, c'est un entraînement de chaque instant !

La vraie moi n'a rien à prouver, juste à être.

Pourquoi une identité alors ?

Pour survivre et se défendre.

Pour savourer les sensations, notamment celles de toutes les premières fois.

Et surtout pour goûter la joie sans pareille de se découvrir, se connaître, se reconnaître !
Et si c'était ça le but de la vie ?
Un vrai jeu de piste pour me rappeler qui je suis.
Plus je serai identifiée à ce que je ne suis pas, moins je saurai ce qui est bon pour moi.
Plus je chercherai à me connaître, plus j'accéderai au bonheur.
C'est alors que je suis prête : et cela demande une sacrée dose d'humilité ! Et de courage.
Car je suis prête à voir la vérité, ma vérité. Voir à quel point je me suis reniée, je me suis trompée et accepter les conséquences de tous mes actes, toutes mes paroles, choix et aussi toutes mes pensées.
Mais suis-je prête à agir ? Et ai-je seulement le choix de choisir de ne plus savoir et retourner dans l'anesthésie de ma personne ? Je ne pense pas, je perçois une évidence, devenue presque urgence.
En tout cas, quand je décide d'agir alors je me libère !
Mais pas que, j'entrouvre une belle porte de libération à d'autres ! Même s'ils ne le savent pas....encore.

xxxx

ESPOIR
Tu n'es pas qui tu crois être.
Tu joues juste à merveilles un rôle qui te va comme un gant.
Que tu t'es créée de toutes pièces.
Avec tout à ta portée pour que tu vives pleinement les événements, en fonction d'où tu en es dans ton évolution, et c'est parfait.
Un peu comme un gigantesque aimant, exerçant une force d'attraction sur toutes les particules qui sont bonnes à

L'expérience de l'Amour

s'aimanter autour de toi pour construire ton monde, et ce évoluant sans cesse, constamment.

A l'image de la nature ou tout est interrelié et semble avoir été parfaitement, minutieusement synchronisé pour qu'elle s'épanouisse naturellement selon son cycle permanent. Et où des espèces naissent, vivent, meurent, disparaissent, évoluent, renaissent, s'adaptent à leur environnement impermanent, changeant.

Et si l'homme évoluait en fait dans le monde qu'il s'était créé lui-même individuellement, avec toute l'influence et le poids à l'échelle collective.

Au plus il vit loin de son environnement naturel, au plus il vit dans un monde construit de toutes pièces, anesthésié par le collectif : son habitation, son mode de vie, sa manière de se soigner, son alimentation, son apparence, sa manière d'être, ses pensées, son bonheur... il ne sait pas qui il est... puisqu'il vit dans un monde faux. Un esprit brouillé par un corps expatrié de son environnement naturel. Un corps malade, endolori par une anesthésie mentale de la réalité.

Et si l'homme était simplement fait, pour vivre au rythme de la nature, à l'écoute, non plus d'un poste de télévision ou de radio mensonger, mais de son environnement naturel dans lequel il saurait se reconnaître et se sentir exister.

Et si j'avais vraiment le choix de vivre, soit dans un monde fictif créé de toutes pièces par l'intelligence humaine, soit dans un monde réel, puisque naturellement adapté à ce qui est, à la vie !

Et s'il était possible d'allier les deux ? l'intelligence humaine au service de la nature, mon Dieu qu'elle serait belle et davantage abondante !

Et non plus l'inverse... la nature au service de ladite intelligence humaine toute puissante .... Dévastatrice ...

Et si l'homme vrai était une espèce en voie de disparition ? en phase de se créer un monde où il n'aurait même plus besoin d'exister ?
Non heureusement, l'homme se réveille, il sort de son propre cauchemar, semblant avoir touché le fond dans l'inutilité de la fausseté dans ce pour quoi nous aspirons tous ici-bas, le bonheur !
Un monde nouveau pointe le bout de son nez, celui de la vérité ! Et il n'y aura plus de place pour le faux... puisque le vrai sera vu.
Lumière du cœur.

17. Détachement

J'avais défini ma valeur sur ce que je possédais.
Je croyais que je n'étais pas libre.
Je croyais que je n'existais pas.
Je croyais que je devais me laisser posséder et donner ma valeur aux autres pour me sentir exister, dixit la société.
Je croyais que je devais me sacrifier.
Je croyais que si j'étais dépendante, je ne manquerais de rien.
Je croyais que si je manquais, j'allais disparaître.
Oui je croyais qu'en possédant, je me protégeais de vivre la souffrance du vide qui me compose.
Et si disparaître était là clef ?
Et si en vrai j'étais complète !
Et si la vie m'offrait sur un plateau exactement ce dont j'avais besoin pour me permettre d'aller à l'essentiel.
Si l'illusion du dépouillement me permettait de vivre et comprendre le sens de l'illusion dans ma chair.
Et si posséder était un frein à l'énergie d'amour qui se fraye chemin que sur accord, sans barrière, sans limite, ni retenue.
Et s'il ne suffisait de rien pour tout aimer.

L'expérience de l'Amour

Et si toutes ces choses étaient là pour me faire comprendre que je n'en avais pas besoin. Au plus je possédais, au plus je m'éloignais de moi.
La richesse serait-elle d'être pauvre ?
Pauvre de tout, riche de moi ! Du divin en moi.
Et si je me contentais de l'essentiel,
Chaque objet superflus représentant, m'alourdissant d'une peur, un regret, un frein, une blessure, une émotion enfouie. Chacun ayant quelque chose à me dire, à me faire comprendre.
Et si le but des relations était non pas de posséder, convoiter, exister ou se faire aimer... mais d'échanger.
Et si l'autre était la pour me donner ce dont j'avais besoin.
Et si j'étais pour l'autre une source nourricière.
Un juste marchandage dans le seul but d'obtenir satisfaction d'une attente d'un besoin, ou d'une compréhension.
Et que la plus belle de toute les relations, amicale, amoureuse, commerciale, humaine, a lieue lorsqu'il y a un juste échange, équilibré des besoins respectifs. Sans prise de pouvoir sur l'autre, sans abus, dans le respect.
Et cela passe avant tout par un minutieux et bouleversant travail de dépouillement, de découverte et de connaissance de soi.
S'il suffisait de me voir telle que je suis, sans filtre, et de m'accepter, sur un plan donné, afin de créer les bonnes personnes dans ma vie au moment voulu.
Et si je comprenais que la vie était impermanente, que tout change, à un moment donné, tout évolue.
Toute résistance au changement étant source de souffrance.
J'ai compris que j'avais à comprendre de tout, que le hasard c'était pour les aveugles et sourds, pour les pas prêts.
Accroche toi petite et remonte tes manches, c'est un chemin bien sombre en apparence où chaque pas te permet de

mettre en lumière ce que tu refusais de voir jusqu'à maintenant et que tu ne pourras jamais plus te cacher, ni à toi, ni au monde.
Et chaque parcelle de route mise en lumière te rapproche un peu plus d'un immense trésor, toi, en vérité.

xxxx

Sois !
Je cesse d'avoir quand je suis,
et je n'ai plus peur,
car je n'ai plus rien à perdre.
Ce que j'ai peut me servir à être,
mais je peux être sans avoir,
car je ne suis pas pour avoir,
mais pour être.
Si je suis pour avoir,
alors j'ai peur de ne pas pouvoir prendre ou garder, ce que j'ai peur de perdre.
Et si je perds ce que j'ai,
je ne suis plus rien.
Scénario du pire.
Qui es-tu ? Qui veux-tu être ?
Tout ou rien ?

18. Détachement de l'égo, responsabilisation

Paix dans l'équilibre
J'ai la responsabilité de tout ce qui sort de moi, fruit de ce que j'y laisse entrer par choix.
A moi de m'en détacher en acceptant et en en assumant toutes les conséquences. C'est l'émanation libératrice de ce que j'attire par résonance de mes propres filtres.
Si ce que je produis me fait souffrir ou ne me plaît pas, je pose mon attention sur ces filtres pour les éclaircir. Je m'allège de mes souffrances, de ce qui bloque l'amour. Chaque libération, chaque pardon me permet de recommencer à chaque instant différemment.
Par amour la vie permet un éternel recommencement et de multiples chances de renouveau.
Cesse de retenir en otage et d'alimenter ce qui te fait souffrir. Assume tes choix, grandis de tes expériences.
C'est l'ego endormi séparé de sa nature divine qui s'accapare, s'encombre et bloque la vie.
L'ego conscient et soumis à l'amour connaît son pouvoir, il sait d'où il vient et a saisi à quel point il est responsable et limité par ses filtres du passé.
Dénué d'attentes futiles, il œuvre surtout à s'alléger de ce qui empêche l'amour de le traverser pour être diffusé.
Ton éducation t'a fait croire que tu n'es pas maître de ce qui t'arrive et a fait de toi une victime qui subit, ainsi tu autorises ton environnement à prendre ton pouvoir et à abuser de toi.
L'alchimie du changement est en toi, abandonne-toi au processus, accueille, accepte, libère tes émotions avec résilience et douceur, et ouvre ton cœur avec excitation et attrait au nouveau pour qu'il apparaisse dans ta vie.

xxxx

Parfaite
Et si trouver l'équilibre était le but.
L'équilibre c'est quoi ?
Un état d'harmonie et de paix qui me permet de prendre les bonnes décisions pour moi.
Aimer est une urgence. C'est la priorité.
Cela ne peut plus attendre. Question de vie ou de mort.
L'amour c'est la vie. Là où il n'y a pas d'amour, point d'évolution, c'est la mort.
L'énergie d'amour, c'est l'énergie de vie qui guérit. Si je me refuse à l'amour alors je dis non à la vie. Pourquoi ?
Arrête-toi un moment. Pourquoi je bloque cette énergie que je me refuse ?
Ne suis-je pas digne d'être aimé pour qui je suis ?
Qui suis-je ?
Pourquoi refuser de me montrer telle que je suis ?
Imparfaite, selon les codes sociétaux. Et si la perfection n'existait pas, et que c'était un leurre du diable pour m'empêcher d'accéder à ce que je suis. Aimable par nature.
En me montrant telle que je ne suis pas, je vais attirer à moi des personnes qui vont avoir un attrait pour moi de cette façade, telle que je ne suis pas.
Enfiler un masque pour me cacher, va me demander un effort, une sorte de sacrifice car je suis violente avec moi-mAime.
Et ma vie ne sera qu'une construction dénuée de sens car basée sur des faux semblants.
Je veux susciter l'envie de l'apparente perfection, pour me sentir exister. Porte de la souffrance ou je me suis érigé des

L'expérience de l'Amour

murailles encombrées de futilités, m'empêchant d'accéder à mon état d'être par nature.
Prison dorée dans laquelle je tourne en rond comme un fauve enragé.
Noyée dans des devoirs, fuite pour ne pas vivre ces émotions de vie qui me dérangent, par peur de m'y perdre.
Et si je me libérais de ces chaînes qui me limitent tant !
Quand tu ne t'aimes pas, ton environnement te renvoie ce désamour par manque de reconnaissance.
Pourquoi y a-t-il ce besoin de prouver ton existence, de te sentir exister en accordant toute ton attention et exigences sur ton apparence physique ou circonstancielle ?
Car je veux être un exemple, susciter l'envie.
Pour me sentir importante.
Car j'ai besoin de reconnaissance.
Parce que j'ai besoin de me sentir aimée.
Parce-que je me sens seule.
Parce-que personne ne me comprend.
Parce-que je me cache.
Pour pas que l'on me voit telle que je suis
Parce-que j'ai peur d'être rejetée.
Si on me rejette je n'ai plus aucun but à atteindre je suis inutile.
Comment je suis en vérité ? Profondément blessée, sensible, décalée, folle, créative, hors normes, sans limite, empathe, intelligente, amoureuse.
Autorise-toi à être, autorise-toi à vivre, autorise-toi le bonheur.
C'est urgent, c'est maintenant. Demain n'existe pas.
N'aie pas peur de mourir, aie confiance.
Reviens en ton centre, celui où tout commence.

xxxx

Le jour où je suis partie j'ai compris.
J'ai compris le sens de l'existence, et le fait que la souffrance est le garde-fou permettant à l'homme de suivre le plan divin qui lui est destiné.
La joie valide.
Chacun a une destinée propre, il définit ses règles pour y parvenir.
Lorsqu'il sort des rails du plan par égocentrisme ou obstination aveugle c'est alors qu'il souffre.
Il souffre de son absence à lui-même.
Il se cherche tout en niant son existence.
Il se voit à l'extérieur dans le regard de l'autre, alors qu'il est le regard.
Il ne voit pas qu'il se voit partout.
Il ne sait pas qu'il ne parle que de lui.
Alors il suppose et erre dans l'univers.
Cesse de supposer, sois !

19. Amour de soi

Quand on s'aime, on récolte ce que l'on a semé !
Il est possible de vivre toute une vie à creuser, bêcher, gratter, suer, trimer !
Mais si on ne s'aime pas, il n'y a pas de fruit à cueillir.
C'est bien là le problème, l'homme veut la récompense sous condition, au "mérite" de son dur labeur. Et il passe bien à côté de son essence ciel.
Et il souffre.... Car comme disait un grand maître, la graine semée sur le bitume ne verra pas son fruit pousser ! S'aimer est un art, l'art de semer au bon endroit.
La préparation du terreau favorable à une bonne récolte, c'est the job de chacun.

C'est toute l'attention portée à tout ce qui le nourrit en profondeur pour devenir sain et fertile.
De la qualité de mon terreau, de mon intérieur, dépendra l'impact de mon œuvre, de mes fruits !
Et de cela dépendra l'intention, de ce pour quoi je fais les choses.
Soit je focalise sur :

- L'aboutissement de mon projet et son processus, ce qui a comblé l'ennui, nourrit mes peurs... et dont je ne serais pas en mesure de goûter pleinement la récompense ou les leçons, trop préoccupé par le prochain objectif.

Et cela afin d'être constamment affairée, pour ne pas être confrontée... à moi.
Et je renforce la couche de bitume, gardant bien au chaud ce miasme d'émotions qui m'empoisonne en dedans. Cristallisant cette peur de disparaître si jamais je perce cette barrière quasi infranchissable pour en extraire ce que je crois être poison et qui, en réalité ne demande qu'à en être extrait et libéré. Ce n'est que sensibilité humaine !

- La source de ce qui émane de moi, ce que je ressens à nourrir toutes les facettes qui me composent, et qui s'expriment dans l'élaboration d'une création, peu importe le résultat ! Les liens que je tisse et qui me nourrissent, ainsi que l'autre.

De mon intérieur dépendra l'intention de ce pour quoi je fais les choses.
Plus j'ai d'attentes, plus l'encombrement de mes filtres et de mes peurs bloquent l'écoulement naturel de la création prenant des directions alternatives qui limitent l'abondance.

Plus je suis neutre, plus je prends du plaisir à ce que je fais, plus je suis au service de la vie, et plus mes faits, gestes, paroles, actions, œuvres auront naturellement de l'impact sur le monde.
Les fous sèment la folie,
Les souffrants, la souffrance,
Les amoureux, la joie, la guérison,
Les guéris, la paix et l'amour,
L'amour efface tout ce qui encombre.
Car l'amour est notre état naturel.
De mon état naturel, je ne peux que créer, prospérer, briller, illuminer !

20.   Pardon

Tu hais les gens à la mesure du désamour que tu te portes.
Et c'est exactement ce qu'ils sont venus te montrer.
Le mal dont tu estimes être victime, c'est le bien que tu devrais "t'infliger".
Pourquoi accepter autant de haine que tu refuses d'amour ?
Comment est-il possible de donner l'amour que tu refuses de recevoir ?
Double peine choisie, puisque in c'est out.
Ton bourreau, cet éveilleur de ta conscience est ton sauveur.
Et c'est toi et seulement toi qui a le pouvoir d'enclencher le bouton du pardon, qui fera basculer ton regard, ta position sur le reflet que tu as envie de voir, dans le miroir de ta vie.

21. Début de l'éveil

Et si le début de l'éveil spirituel c'était la volonté, voir la curiosité ?
Il y a un désir de comprendre le sens de mon existence.
Je veux savoir le sens de ma souffrance, de ma vie.
La tête comme enclencheur du processus, celle qui ouvre les vannes d'une toute petite source qui va ruisseler, fusionner avec une rivière, un fleuve, un océan !
Je peux souffrir et vivre sans question sur mon existence mais le savoir ne s'acquiert-il pas grâce à un élan de volonté de la tête ? certes découlant d'un ressenti mais je peux ressentir sans volonté de savoir, dans ce cas, je suis victime, je subis.
Je peux tout aussi bien vivre la joie sans question. Mais l'élan de joie n'est-il pas créateur ? La joie existe-t-elle sans volonté de créer ? Quand je crée, ma tête est réceptrice d'idées, au service de la joie, de la vie.
Elle est d'accord pour stopper toute résistance et ouvrir les vannes, devenant servante de la vie.
Comment je deviens curieuse et servante de la vie ?
En acceptant de vivre des émotions, des évènements, des ressentis dans mon corps.
Quand j'accepte de vivre pleinement, je m'autorise à accueillir la réponse, et donc à la recevoir.
Finalement, ne "s'éveille" t-on pas tous un peu plus, chaque jour ? Ne sommes-nous pas des êtres spirituels avant tout ?

xxxx

Crise existentielle
J'ai quarante ans, Bien ancrée ici-bas dans mon existence et pourtant bien dénuée de sens(ations).
Plus que des mots, voici un sujet issu de mon expérience personnelle, telle que j'ai pu la vivre en ressentis et l'analyse que j'en fais à ce jour.
Tout ce qui vit a une fin.
Saviez-vous qu'il en est de même dans l'invisible ?
Tout ce qui commence, à un moment donné se termine, notamment un état d'être.
La vie est cyclique, à l'image de la nature. Ce qui croît, connaît l'épanouissement puis la déchéance, avant de renaître de nouveau. L'impermanence atomique dans le cycle permanent de la vie.
Parfois, l'homme, avec son envie de contrôle, lorsqu'il a le sentiment joyeux et fier d'avoir réussi, aimerait immortaliser cet accomplissement en le maintenant en l'état, le nourrissant de ses propres ressources mais oubliant de s'abreuver lui-même, ayant puisé toute l'eau de son puit.
Beaucoup d'énergie donc passée à maintenir en l'état une situation vouée à disparaître.
Souvent, dans cet arrêt sur image de réussite acquise, il reste cloisonné dans un état d'assèchement émotionnel, lui donnant l'impression d'être comme une coquille vide de sens… et pourtant débordante et frétillante d'intensité de vie qui ne demande qu'à jaillir pour faire place à cet autre chose transformateur qui attend d'être vu et accueilli.
Créativité refoulée par peur, manque de connaissance et déni de soi.
Complexe d'un interdit sociétal bien ancré.
"Quel égoïsme que d'oser s'aimer ! "
Jusqu'au symptôme alarme ! Celui qui va appeler sa conscience viscéralement à réagir.

L'expérience de l'Amour

Etat d'urgence, question de vie ou de mort !
Les prémices de cette crise naissent progressivement jusqu'à l'état d'urgence, cela peut prendre différentes formes selon les personnes et les expériences vécues :
- il peut y avoir le sentiment d'avoir tout accompli, et fait le tour de ce qui était à faire, et c'est l'ennui, malgré la multiplication et la diversité des tâches et des rencontres.
- Le sentiment d'être limité, à l'étroit dans un vêtement devenu bien trop petit.
- L'insatiabilité, en accumulant des plaisirs futiles et éphémères, voir des addictions. Bonbons nourrissant une insatiabilité frustrante devenue maladive. Empilant de profondes couches de colère et de tristesse.
- une culpabilité peut être ressentie du décalage entre le fait d'avoir tout pour être heureux et de l'incompréhension ne pas l'être. Une sorte de résilience à la situation, peur de la confrontation et tout ce que cela implique.
- sentir un manque de connexion relationnelle malgré le fait d'être entouré.
- Instabilité et incompréhension émotionnelle, être à fleur de peau, avoir l'impression de subir et d'être dépassé par ses émotions.

Cela peut se manifester ainsi :
- Avoir la sensation d'une oppression physique intérieure, comme l'impression de manquer d'air, la sensation de bientôt imploser.
- Prendre la fuite dans l'affairement, le travail.
- Où au contraire procrastiner.
- Ressentir un vide intérieur, le sentiment d'être incompris, l'isolement social qui amène apathie, dépression, burn out, crise de nerfs, eczéma, douleurs physique, maladies, etc....

Que se passe-t-il ?

"J'ai grandi, appris de mes expériences mais tout ce qui m'a nourri ne me nourrit plus aujourd'hui et je meurs à petit feu. Je continue d'alimenter un système automatiquement qui me fait disparaître de ma vie, une anesthésie émotionnelle qui me rend absent(e), et je m'ennuie à mourir, c'est le néant.
"Je passe à côté de ma vie mais je ne sais pas comment faire autrement"

Tu reconnais ton état dans ce récit ? alors bienvenue au club ! Tu n'es pas plongé dans la lecture de ces lignes par hasard. Et il existe des solutions bien réelles et concrètes pour retrouver joie et plaisir dans tout ce que tu fais ! Dans tous les domaines de ta vie !

22. Bonheur

Le bonheur c'est maintenant, parce que plus tard c'est jamais.
Le bonheur n'est pas un concept futur.
C'est une réalité qui se vit dans l'instant.
Si tu remets ton bonheur à plus tard, alors tu te refuses cette faveur comme un interdit que tu ne mérites pas.
Faveur qui n'en est pas une d'ailleurs puisque c'est un droit ! Tu as grandi avec des devoirs car tu as été ainsi conditionné. Aujourd'hui tu ne seras pas puni car ce n'est pas fait, et tu n'as rien à prouver à personne.
Et si tu es jugé, cela ne t'appartient pas.
Faire pour ne pas voir une réalité que tu t'interdis, pour ne pas souffrir.
S'arrêter c'est s'autoriser à toucher du doigt la vie qui coule en toi, au-delà des concepts. C'est vivre des intensités qui peuvent être agréables comme douloureuses.
Et tu t'affaires dans le présent avec comme carotte ce bonheur que tu ne crois mériter que sous conditions.

Le bonheur ne s'achète pas, au prix de ta sueur, de ta personne.
Tu as le droit au bonheur maintenant.
Tu n'as pas à te sacrifier pour être heureux.
Le bonheur n'attend pas...il est maintenant. Saisis-le. Au risque de ne jamais pouvoir l'attraper quand il se présente.

xxxx

Le bonheur est un droit sans condition ni mérite.
Tu es l'unique responsable de ton bonheur.
Et c'est maintenant, parce-que plus tard c'est jamais !

xxxx

Plus je cherche à avoir pour me remplir de l'extérieur, moins je serai heureuse car tout ce qui est tangible est éphémère. Si je crois que je suis tangible, je suis une denrée périssable qui se consume et mon intérieur reste vide.
Plus je suis tournée vers l'extérieur, moins je serais heureuse car à l'intérieur c'est vide.
En vrai je suis déjà complète, il suffit de vouloir m'en rappeler en le souhaitant très fort et en le demandant pour le ressentir et le vivre à l'intérieur de moi.
En frappant à la porte de ton royaume, tiens-toi prêt ensuite à ouvrir les portes de ton inconscient pour voir la vérité et te libérer de ce qui te bloque les accès.
Le cadeau qui s'y cache n'a pas de prix, c'est la règle du jeu, l'accès à ton pouvoir, la découverte de la liberté !
Quand je suis pleine, je ne cherche pas à avoir, il ne me manque rien, je suis heureuse.
Pourquoi ? Parce-que lorsque je cherche constamment à obtenir, je n'ai rien à donner.

C'est le don, le partage de nos richesses qui rend heureux.
Je ne peux pas être heureux quand je n'ai rien à donner. Le bonheur c'est quand on sait partager, Lorsque l'on a des choses à donner. On apporte quelque chose qui va nourrir, va donner du bonheur.
Chaque personne a quelque chose à apporter qui lui est propre.
Le bien-être commence par la découverte, la connaissance et l'acceptation de soi et de ses spécificités uniques.
Celui qui pose son regard à l'extérieur rêve, alors que celui qui regarde à l'intérieur s'éveille !

xxxx

Le vrai bonheur réside en ce qui est permanent, ne change jamais. Tout ce qui nous donne l'illusion d'être en joie dans nos vies n'est qu'éphémère et ne nous permet pas d'atteindre le vrai bonheur car lorsque cela disparaît, il naît en nous insatisfaction, frustration, manque, déception....
La vie ici-bas est dynamique, c'est une énergie active qui se meut en permanence, dans chacune de nos cellules, et qui crée à l'infini. Elle meurt là où les barrières lui sont érigées par nos choix.
Qu'est ce qui ne change pas ?
Et bien c'est la vie elle-même. Trouve cette énergie de vie en toi et tu atteindras cette paix, cette joie, cette douceur de vivre qui fera ton bonheur.
La vie c'est l'amour, ton état naturel.
La vie, c'est l'amour, c'est la source qui ne change pas.
Trouve ton moyen de te relier à elle pour t'abreuver dès que tu as soif.
Trouve l'amour en toi qui te rend complet et tu ne manqueras plus jamais de rien.

Cesse de chercher le bonheur à l'extérieur de toi, c'est de l'intérieur que tu créeras les circonstances extérieures qui te permettrons de l'incarner pleinement dans ta vie.
Bien sûr tu ne seras pas épargné par les épreuves, mais tu sauras te laisser happer pleinement aux émotions de la vie et te relier à ton cœur qui te guidera vers la direction la plus légère pour toi avec foi et vite retrouver la joie.

23. Cadeau

Demande que l'on te donne ce que tu exprimes avoir besoin et tu le recevras.
Donne ce que l'autre te demande et pense avoir besoin et tu recevras ce dont tu as besoin mais que tu n'as pas demandé. Identifie bien ton besoin, car tu recevras ce que tu as demandé !
Sois attentif à ce que tu reçois, c'est cadeau d'évolution !

xxxx

Accueille les cadeaux de la vie et ressens ce que cela vient toucher en toi. Toutes les offrandes viennent t'apprendre le confort ou l'inconfort de recevoir.
Si je donne sans accepter de recevoir, alors je ne peux être en gratitude de ce que je refuse et je me punis de ce qui m'est naturellement dû ! Si je reçois plus que je ne donne, alors je ne peux accueillir la satisfaction car je crois que je dois posséder pour être heureux. Le vrai bonheur réside dans un juste échange entre donner sans attentes et ouvrir les bras à ce qui m'est dû de plein droit. L'amour est un don gratuit du cœur qui accueille tout dans le respect d'un juste équilibre.

24. Mensonge de la mort

Ta tête c'est la mort, elle te manipule, et fera toujours tout pour te laisser dans l'inertie du confort de ta tombe.
Regarde-la, donne-lui de l'attention, de la compassion, aime-la, mais reviens aux commandes de ta vie.
Puisse-t-elle te servir afin de te guider vers tes puits de boue à traverser, à ne plus remplir et à assécher.
La mort va te faire croire que vivre est d'une saleté indélébile.
La mort c'est les croyances, la vie elle elle s'en fout !
La mort va t'empêcher de vivre, la vie ne t'empêchera jamais de mourir. Que choisis tu ?
A qui donnes tu crédit pour choisir ?
Qui choisit ?
N'est-ce pas le cœur qui impulse la vie dans ta tête ?
Mouvement de vie VS arrêt de mort.

xxxx

La mise en lumière fait disparaître l'ombre qui se cache derrière elle.
Tout grandit avec la lumière.
Le mal pour exister se nourrit de son contraire.
La mort pour exister se nourrit de la vie,
Le faux du vrai, le mal du bien, le malheur du bonheur, la peur de l'amour.
Pourquoi la mort existe ? Parce-que tu lui permets d'exister en lui donnant de la contenance mais elle te fait peur car tu refuses son existence.
La mort se nourrit de toi pour exister, elle existe car tu y crois et te fait souffrir car tu la refuses.
Trouve ce qui nourrit ta souffrance pour t'en libérer.
Tu es créateur à partir de ce qui existe,

Tu es éternel.
L'amour dissout le mal.
L'amour doit donner raison à l'existence du mal en s'y soumettant pour le dissoudre.
Pour pouvoir dissoudre le mal, il est nécessaire d'admettre son existence.
C'est ainsi !

25. Pouvoir des émotions

Convoquée
J'ai rendez-vous avec moi-mAime.
Preuve que le rendez-vous est pris,
Dans l'épreuve de la vie,
Émotion est là, fidèle témoin au rang des accusés.
Jugée coupable d'avoir fuguée, et disparue.
Plaidoyant pour son unique défense,
Avoir été prise en otage,
Par un ego blessé, ô combien apeuré !
Rendue présente dans la violence.
D'un accouchement intense et douloureux.
Rendez-vous pris en urgence,
D'un verdict imminent et sans concession avec la vie.
Celui d'une ouverture divine,
Au passage de mon âme,
Qui va ouvrir mon cœur...
A l'infinité où tout est juste et possible.
Ou tout est vu pour ce qu'il est,
Une divine création, au service de la vie !
Traversée par un infini champ d'informations.
Qui va me rendre vivante car je suis là,
Non pas pour faire l'expérience terrestre,
Mais l'expérience de ce que je ressens du monde !

L'expérience de l'Amour

xxxx

Une émotion n'est pas un concept théorique qui s'apprend dans un livre, c'est une expérience vivante qui s'exprime par des rires, des pleurs, des gestes, des sons !
C'est le langage de la vie dont le fluide se ressent dans le corps !
Une émotion c'est une couleur qui te rend unique.
Apprends à ressentir l'émotion, vis la dans tes tripes avant de vouloir la comprendre dans ta tête, les mots ne sont que l'expression du mental qui la maintient en otage en s'auto alimentant sans fin.
Les maux sont l'expression corporelle des émotions enfouies. Nomme les si tu veux, à condition de les laisser te traverser librement, tout comme les nuages parcourent l'horizon. Et laisse-toi t'accrocher seulement à celles qui nourrissent ton cœur pour une vie heureuse.

xxxx

Tout ce que nous vivons c'est pour ressentir des choses en nous.
Autorisons-nous à les vivre pleinement !
C'est dans la présence du corps que cela se passe. Soyons là ! attentif à ce qui se passe maintenant !
Chef dans l'harmonie de la conscience avec l'instant présent ! Et non plus fugueur dans les interminables histoires hors de moi dont je suis l'obéissant l'esclave !
Laissons-nous exister, laissons-nous vivre ! Pour le meilleur, et pour le pire !

xxxx

La maladie survient lorsque ton corps ne parvient plus à cacher ta vérité.
Le stockage d'émotions est nuisible pour la santé !
Ton esprit fait le choix conscient ou non du mensonge pour ne pas te montrer tel que tu es.
Que risques-tu à te laisser vivre ?
Voir l'ombre et sortir du mensonge te permettra de vivre ta meilleure vie !
Et non vivre dans le mensonge n'est pas une force ! Ta puissance se trouve au cœur de l'acceptation d'être vulnérable en vivant pleinement ton hypersensibilité, ta vérité.
Tu es un exemple de liberté pour les autres lorsqu'en en te libérant de tes chaînes tu leur donnes l'opportunité d'être libre à leur tour. Et lorsqu'en ta présence ils se sentent libre d'être.
Tu n'appartiens à personne et n'as aucun droit sur la liberté d'être d'autrui.
Accepte ta toute puissance plutôt que de t'accaparer le pouvoir des autres.
L'acceptation et le non-attachement c'est de l'amour. C'est ouvrir son cœur en disant oui à la souffrance, à l'impuissance dans le creuset de ses limites, en disant non à la prise de pouvoir de l'autre, en accueillant la haine et le rejet.
Par amour, tu peux (re)créer à l'infini. Vis cette réalité au plus profond de toi. Réalise.

xxxx

"Heureux les pauvres d'esprit "
La fourmi n'a pas le choix, elle est la vie, dans un système parfaitement synchronisé à son environnement, élément indispensable dans un écosystème ou tout est interrelié et pourtant bien limité dans son expérience vivante.
Elle est, c'est tout. S'amuse-t-elle ?...
Oui c'est vrai je pourrais très bien vivre sans me poser de question.... Mais cela ne ferait-il pas de moi une victime malheureuse ?
Je modélise avec la tête, force de l'esprit, j'expérimente avec le corps, avec le cœur je sais. Les émotions me rendent vivante. Pourquoi ai-je peur de vivre ? Parce que j'ai peur de mourir...
Sors de ta torpeur, n'aie pas peur de ce qui te rend vivant(e), laisse-toi traverser par tes émotions. Elles te guident vers la connaissance de toi, c'est la porte d'accès au cœur.
Je crée les circonstances de ma vie pour faire l'expérience de la vie.
Au plus j'en aurai conscience, au plus je choisirai les règles de ma partie, au plus je m'amuserai.
Le cœur sait, le pourquoi de ce que la tête actionne mais ignore pourquoi.
Jouons à la vie.

26. Peurs, mensonges

Les peurs,
Elles me font éviter le bonheur.
Quand j'ai peur, je fuis, j'évite la confrontation.
Peur de quoi ? De perdre quelque chose.
Ce quelque chose qui me donnait l'impression d'être vivant.
Autrefois cette fuite me permettait de survivre en terrain hostile.

Aujourd'hui, la nature du danger est toute autre.
Normalité quotidienne faisant partie intégrale de nos vies, rendue quasi indispensable, créant, générant un stress permanent.
Quand j'ai peur, je me rallie à un groupe de peureux comme moi. J'ai le sentiment d'être important, d'appartenir à une communauté avec qui je me rassure car je me reconnais. Le poids du groupe me rend plus fort.... Oui mais ...il renforce cette peur surtout ! Alimentant cet égrégore de terreur qui va rendre l'objet de peur encore plus fort ! A en perdre la raison. Donnant plus de crédit à la peur elle-même et au fait de se protéger, qu'à l'objet de peur en question.
Et si j'affrontais ma peur ? Je risque quoi finalement ? Que vais-je perdre ? La raison ? Je l'ai déjà perdue dans le fléau de la peur.
Des relations ? Là où la peur subsiste, point d'amour. Je ne peux perdre l'estime que je n'ai pas.
La tête ? Effectivement il se peut que ma tête meure, submergée par l'intensité des émotions qui me traversent. Il se peut que le tableau de bord clignote rouge à en perde le contrôle des manettes. Et alors ? Que va-t-il se passer ensuite ? Une fois que je serai mort de peur ? Lorsque je l'aurai laissée m'envahir au plus profond de moi.
Et bien... je vais avoir un accès direct à l'envers du décor ! me montrant l'absurdité de mes peurs et de toutes les fois où elles m'ont conduites au désamour. Ces fois où elles m'ont empêchées de vivre, d'aimer, de voir la beauté. De barrer l'accès à l'amour ! Laissant s'entasser tout un amas inutile de douloureuses scories.
Je suis fautif d'avoir peur car c'est moi qui ai permis cela. En y accordant de l'attention, en l'autorisant, en m'y accrochant comme une moule à son rocher, comme faisant intégralement partie de mon monde, de moi.

L'expérience de l'Amour

En accordant l'autorisation à la peur d'être vécue en moi, je dis non à l'amour, je dis non à la vie, je dis non à la joie.
Pourquoi ? Par mésestime de moi, de qui je suis. Et c'est là que je suis le "méchant pêcheur"... ne pensant être digne d'amour, je me dois d'être le faiseur de mal, le haineux qui va se faire détester. Celui qui va appuyer sur les boutons de l'autre pour qu'il se déteste à son tour, etc....
Et si pour goûter à l'amour je devais expérimenter la haine.
Pour être libre, être d'abord enchaîné et savourer le bonheur de m'enfuir.
Pour naître et goûter pleinement la vie je devais accepter de souffrir jusqu'à la mort.
Pour voir la beauté du monde il me fallait d'abord ouvrir les yeux dans la pénombre des ténèbres.
Pour entendre des rires de joie, connaître les pleures de douleurs.
Et si finalement le sacrifice du Christ relatait l'acceptation dans l'abandon à l'expérience de mes limites pour vivre ma renaissance et me connaître enfin en vérité ! Pour battre en retraite, m'avouer vaincu, baisser les armes du contrôle, barrière de la foi.
Afin de connaître enfin mon réel pouvoir, ma puissance, dans mon état naturel qu'est l'amour ! C'est en cela que l'amour demeure toujours vainqueur ! Pour me connaître en vérité il me faut mourir à moi. C'est un chemin de souffrance pour les courageux !
Je me détache de mon égo, de mon personnage pour laisser la vie prendre les commandes. Le bonheur est un véritable chemin de foi.
Et oui ça fait peur, mais ô combien c'est libérateur.
Quand je laisse passer la vie, tout ce qui m'arrive est juste. Plus de question, je suis sur le bon chemin car je sais !
Vive l'amour vive la vie !

Ophélie, inspirée par l'araignée dans la forêt , accompagnée par libellule et par les grenouilles qui croaaaa.....car je croaa comme elles , que c'est en ce quoi je crois qui me fout la trouille . Soit j'arrête de croire, soit je vais jusqu'au savoir pour ne plus croire.

27.   Projection

Mes yeux intérieurs projettent mon monde !
Je suis celle qui crée ma vie en y étant indéniablement la réalisatrice et la metteure en scène, posant le décor en conséquence.
La vie répond simplement à mon état d'être.
Plus je suis heureuse, plus la vie me donne ce que je veux car je l'ai déjà trouvé en moi ! et être joyeuse est un choix.
N'attends pas des conditions extérieures à toi de combler ce qu'il te manque car cela n'arrivera pas. Rien ici-bas n'étant permanent.
Le bonheur infini et la paix se trouvent à l'intérieur de toi. C'est alors que tu crées ta vie de rêve, peu importe les circonstances.
Tu es comblé lorsque tu as trouvé cette stabilité en toi, même si tu es éprouvé parfois.
Le bien-être est la base qui te permettra d'obtenir ce que tu désires.
La surface de l'eau s'agite par les intempéries mais au fond rien ne bouge. Mais lorsque la terre gronde, elle soulève la mer nettoyant tout sur son passage !
Qui es-tu ?
Qui veux-tu être ?
Que veux-tu ?

xxxx

Et tu t'affaires à l'extérieur pour ne pas voir ce qui s'anime en toi...
L'écoute du mouvement intérieur crée le changement dans ta vie. Car l'entente de ce cri intérieur est irréversible, rien ne sera plus jamais pareil. Tu es alors le maître à bord, aux commandes de ta vie. Ce pouvoir qui te fait si peur, c'est celui-là même que tu fuis aujourd'hui.
C'est ce même extérieur sur lequel tu te décharges qui est à l'origine de toutes tes souffrances.
L'amour c'est ce mouvement qui te rend vivant et rend la partie de ton "je" excitante.
Car c'est toi le metteur en scène et l'acteur principal. Le décor, les figurants et tes partenaires sont là pour t'aider à rayonner sur scène de ton plus bel éclat. Trouver l'harmonie est ton arme la plus puissante pour diffuser l'amour autour de toi et aider à guérir tes semblables. L'équilibre entre qui tu es et ce que tu montres te rend joyeux. Le bonheur part de l'intérieur. Pourquoi t'en prives tu ? Quelle est cette part de responsabilité que tu refuses d'assumer ? Pourquoi ?

28.   Guérison

C'est la source qui guérit !
Elle est partout présente mais puise l'eau sans modération là où elle coule abondamment.
Alimente-la où elle est pauvre.
Elle te le rendra au centuple.
Tu es canal d'amour,
Laisse couler.

xxxx

Guai rire avec les mains du cœur
Et si les mains étaient l'extension du cœur.
Je tends les bras et j'accepte de recevoir, je nourris mon cœur pour guérir avec les mains du cœur.
Et si le cœur était le moteur de ce monde.
Reliance du battement à l'unisson entre terre mère et père ciel alimentant le fluide de la vie à travers nos corps de chair. Diffuseur ultra puissant générateur de création à l'infini.
Et si j'avais le pouvoir de guérir avec les mains du cœur rien qu'en touchant cette blessure enfouie en moi.
En lui exprimant cette vérité si difficile à dire et à entendre : je te vois, je t'ai comprise, je suis désolée, pardonne-moi, je te pardonne tout, merci, je t'aime.
Avec toi j'existe, sans toi je suis.
Je suis déjà tout !
Puisses-tu te voir toute entière.
Exempt du filtre de tes blessures qui va mettre en sourdine cette part de toi qui, en vérité, crie tellement fort et souffre de ne pas être entendue et ne demande qu'à être vue pour être libérée.
Puisse la lumière éclairer ce qui se doit de l'être afin d'élever le monde vers toujours plus de clarté.
Ce que je ne veux pas voir,
Ce qui me fait si peur,
Ce qui m'empêche d'être qui je suis,
de vivre pleinement sans retenue.
C'est justement là que je dois aller maintenant.
Au risque de disparaître dans la souffrance.
Encore et toujours.
Boucle infernale de douleur.
Heureux les pauvres d'esprit
Qui ont compris qu'être était suffisant.
La voie royale pour atteindre le Saint Graal,

Que tellement de blessés se refusent.
Par peur, de quoi ?

xxxx

GUERIR c'est ACCEPTER c'est AIMER
Il existe de très nombreuses méthodes pour guérir de ses blessures et heureusement, elles sont toutes guérissables !

A mon sens, je suis guérie lorsque je ne suis plus en réaction ou en fuite face à une blessure du passé mais que je l'ai acceptée.

Héritant de beaux bobos avant même d'arriver là, leur origine étant un mystère du Karma d'antan, même si je n'ai pas compris le pourquoi, il m'est tout à fait possible de décider fermement de ne plus en souffrir.

Je ne pose alors plus mon attention sur le passé, ce que je ne veux plus mais me concentre alors sur ce que je veux pour être heureux. J'exprime désormais à l'univers mon désir de vérité en acceptant d'ouvrir mon cœur, en vivant en dedans la joie d'être juste moi. La vie répond à mon énergie présente. Les pensées, les ruminations du passé, la peur du regard des autres bloquent l'énergie vitale dans mon corps.

Et tous les prétextes de la vie sont bons pour me faire vivre des situations pour vider l'amas d'énergies stagnantes qui bloquent ma vérité. Un beau florilège d'émotions stockées, non vécues mais je continue à les maintenir en otage tant que je les retiens en ruminant le passé et que je n'ai pas clairement pris la décision de m'en libérer.

Et c'est alors que je peux m'autoriser à me libérer de ces énergies stagnantes, c'est-à-dire en pleurant, en criant, en parlant, en chantant, en dansant, en bougeant, en créant, en étant réellement vivant quoi ! En laissant le corps parler, je fais de la place en moi afin que mon cœur puisse s'ouvrir sans retenue, sans limites.

C'est lorsque le mental se tait que votre énergie de vérité peut se déployer.

Vous n'êtes pas votre mental. Lui se défendra toujours de peur de disparaître tant que vous lui laissez l'espace pour le faire, il bloque votre énergie, votre essence, votre vérité, il bloque la joie.

Le mental a un puissant pouvoir sur notre devenir ! Malheureusement, le commun des mortels s'en sert uniquement comme un imposant anesthésiant doué dans le mensonge et la manipulation, une fausse protection pour éviter de vivre l'inconfort, il en devient alors esclave.

Mais lorsqu'il autorise l'énergie à circuler librement en se faisant tout petit, la magie de la vie peut opérer ! Et l'être se déploie naturellement dans sa créativité avec désormais le mental comme outil, une sorte de partenariat avec l'être, certains diront, "c'est une renaissance "!

Il est possible de venir goûter votre vérité durant une séance d'activation de Kundalini, même l'espace d'un instant. Se connaître ne coule pas de source lorsque l'on s'est soumis aux autres, a la société, l'environnement, la famille depuis toujours. Comme tout, cela peut s'apprendre, à force d'entraînement, évidemment ! Et ce peut être très rapide ! Chacun à son rythme selon ce qu'il peut accueillir.

Lors de mes séances, par transmission d'énergie élevant vos vibrations et par effet de résonnance, votre énergie propre de vie, de Kundalini se reconnaît et elle vient se réveiller selon le degré d'intensité qui vous est propre. Ce qui est possible grâce à la mise au panier du mental mis en confiance et en sécurité pour pouvoir ainsi se soumettre.

Lorsque je goûte à cette liberté mentale, mon cœur s'ouvre et je suis dans l'acceptation de tout. A mon sens, guérir c'est se libérer, pardonner, accepter pour enfin oser accueillir le nouveau !

xxxx

Libre
Je reconnais le signal de l'inconfort de ce qui m'empoisonne.
J'accueille le manque et je cesse de vouloir le combler coûte que coûte en admettant que je suis déjà complète.
Je me pardonne pour le déni, l'automutilation.
J'accueille les émotions, puissent-elles me traverser librement.
Je tombe, je meurs...
...Je renais doucement de mes cendres.
Paix dans la douceur de l'apaisement.
Je remercie pour l'expérience, certes douloureuse, mais véritable présent libérateur de mes chaînes qui m'enfermaient dans une boucle infernale de souffrance.
Je savoure l'envie,
Je connais mes besoins et j'ose les exprimer,
J'accepte mon besoin d'aimer, d'être aimée inconditionnellement.
Je respecte mes limites en posant fermement mon autorité.
Je suis reine dans mon royaume,
J'ouvre mon cœur à ce qui vient,
J'accueille l'excitation du renouveau,
Bel outil serviteur,
Je m'abandonne à la vie.
Je diffuse la lumière,
Du cœur.
Qu'il en soit ainsi

xxxx

Manque
Inconsciemment je crée un vide comme moyen de protection entre moi et la souffrance.
Un gouffre sans fond que je tenterai de combler, bien souvent par une addiction.
Blessure originelle post séparation, de rejet ou d'abandon qui vont me rendre fuyante, dépendante... et ce dans le seul but d'éteindre mon ego blessé pour enfin laisser cet autre chose émerger de mes tréfonds...
Ce remède palliatif dont je me sers pour aller mieux devient en réalité un poison voilant une réelle souffrance.
Pourquoi me suis-je créé ce vide ?
Ce vide est la conséquence du désamour que je me porte.
L'ego, le petit je limité est par défaut incapable d'aimer.
C'est la distance que je mets entre le petit moi contrôlant et le vrai moi tout puissant.
L'amour est mon état naturel. Quand je laisse à mon cœur le choix de la destination, il souffle à ma tête l'intelligence du meilleur itinéraire qui conduit sans broncher.
C'est mon ego rebel qui se croit tout puissant comme un chien hargneux qui aboie à distance.
Mais jusqu'où je résiste ? Ce qui est force pour la société n'est que faiblesse pour l'âme. Cette fausse force me place dans les rangs de la soi-disant souffrance des méritants.
Et si la vraie force constructive se situait au cœur de mes faiblesses de mon humanité blessée, désarmée, vaincue.
Et si j'acceptais de me voir telle que je suis ?
Aux commandes de mes propres limites, alors que je suis un Être illimité !
Au plus je résiste à lâcher le contrôle, au plus la chute sera blessante, voire mortelle.

Bien sûr, je cherche à combler ce vide intérieur de l'extérieur, je suis alors souffrante. Triste et en colère, car victime de mes propres limites.
Pansement illusoire de cette écorchure vive si douloureuse pour ne pas la voir, ni la montrer.
Comment soigner une blessure invisible ?
Cette blessure présente qui sera ravivée encore et encore, cette même blessure dont j'aurai acquis l'art et la manière de réactiver chez l'autre.
L'acceptation de ma vulnérabilité serait-elle la première étape vers la guérison ?
Et si j'acceptais de me voir telle que je suis naturellement imparfaite dans la perfection.
Serait-ce là de la résilience ?
Et si "toucher le fond" était parfois nécessaire pour disparaître. Et admettre mes propres limites, m'avouer vaincue, pour accepter enfin la souffrance.
Un dépouillement total de mes encombrements pour ensuite renaître aussi vulnérable et pur qu'un petit bébé.
La faiblesse d'un bébé le rend dépendant, et sa pureté, authentique et vrai dans la communication de tous ses besoins.
Renaître comme un bébé fort d'esprit mais quelle aubaine !
Et si désormais je créais un pont solide avec les matériaux de la souffrance plutôt que de chercher à combler ce vide sans fond ?
Je reconnais alors que j'ai besoin d'aide pour le construire.
Univers aide moi à construire ce pont pour traverser ce vide qui me fait si peur.
Montre-moi à quel point je suis incomplète, insuffisante, limitée, afin que je puisse l'admettre dans toutes mes cellules et que cet individu incomplet que je suis puisse goûter à la

complétude dans l'abandon à l'élan créatif de ma vie. De la Vie !
Je suis l'unique, le seul créateur, la seule créatrice de ma vie.
A moi de me poser les bonnes questions et
D'émettre les demandes adaptées.
Être à l'écoute de mes désirs, de mes besoins pour créer le changement adéquat.
Avoir le goût du risque sans connaître la finalité. Accepter de ne pas avoir le contrôle. C'est m'abandonner aux processus de la vie. Je suis l'auteur et la créatrice, le créateur de mon changement.
J'ai besoin de me connaître, en vérité.
Pour voir clair je dois cesser de bouger.
Pour entendre je dois me taire.
Pour ressentir je dois être présent dans mon corps.
Et pour cela il me faut ralentir, voir m'arrêter.
Être là pour moi moi et moi.
Ce que la société condamne... et alors ?
Je vais alors user de tous les stratagèmes en créant des maladies, des accidents pour que ma petite personne ose enfin créer le changement dans sa vie.
Mais quand l'élan est la alors je me fiche des conséquences j'assume tout. J'ose expérimenter.
Je joue, accueille et savoure les effets.
Je porte toutes les couleurs, goûte toutes les saveurs, hume toutes les odeurs.
J'expérimente le beau quand je connais le moche, entends grâce au silence, vois l'ombre de la lumière et je souffre car je connais la joie, je suis heureux car j'ai été triste.... Je suis dans le déni car je sais.
Oui je fuis, pour oublier ce que je sais dans un geste de compensation qui va me rendre indisponible.

L'expérience de l'Amour

Jusqu'au courageux moment choisi, où je sais, que rien ne sera plus jamais pareil, car le mouvement, apporte du mouvement, tout autour de moi. Et que je suis le créateur du mouvement.
Tu n'es jamais seul. Tout est interrelié. Le vide n'est pas vide, et chaque atome réponds aux lois de l'univers par résonance. Tu es un être créatif qui agit de manière tangible par ce tu émanes. Tu as le choix de ta position. C'est ton degré d'abandon à la vie qui te permet d'expérimenter ta vérité. Et ta capacité à devenir transparent.
Tu es la créatrice, tu es le créateur.
Mais surtout manifeste dans ta vie ce que tu veux lorsque tu te sens bien. Tes vibrations hautes te positionnent en état d'accueillir des émotions positives et ton rayonnement plus fort donne de la force à ton pouvoir créateur.
Au plus tu vibres haut, au plus ce que tu demandes se concrétise rapidement. Formule ta demande avec précision et prépares toi à accueillir les fruits de ton terrain fertile.
Savoure les bienfaits de l'amour.

xxxx

Le mal a dit,

C'est quoi mon MAL ? C'est moi qui le crée ?
C'est ce tout ce qui m'empêche d'être moi et qui me fait souffrir, ce qui bloque, empêche le fluide de la vie de passer, de s'écouler naturellement. Plus je subis, plus je me fuis, plus je me renie, plus je crée des blocages en moi, plus j'ai mal.
C'est tout ce qui me demande un effort pour paraître. Afin que l'on ne me voie pas telle que je suis, pour ne pas me voir telle que je suis. Différente des autres et de ce que l'on attend de moi.

Chacun a sa propre perception du mal, sa propre résistance à la douleur, ses propres subterfuges pour résister, nier l'évidence, fuir, se cacher.
ETRE Moi ? Oui la vraie moi,
Celle qui est par nature ! Sans limite, sauvage, authentique, sans filtre, sans blocage, différente par nature puisqu'en dehors des normes sociétales bloquantes, enfermantes, culpabilisantes, rabaissantes, apeurantes, affolantes, effrayantes... bref tout ce qui "hante" !
Le moi libre et intouchable, incompréhensible par l'ego blessé, victimisé, enfermé, conditionné, domestiqué !
L'ÉPREUVE ?
Ce sont les preuves que je ne me suis pas écoutée.
Les preuves que je suis humaine et faible.
Les preuves que je n'ai pas le contrôle sur l'extérieur.
Les preuves que j'ai tout le contrôle sur l'intérieur, ce qui agit sur l'extérieur.
Les preuves que la vie est intense et changeante.
Les preuves de ce dont je suis capable, de mon pouvoir d'être.
Plus je vais me renier, plus l'épreuve me paraîtra difficile à surmonter, voire impossible au point de m'aveugler sous mes pieds comme l'autruche.
QUI a dit ?
La partie INCONSCIENTE de moi, tout ce qui n'est pas vu par ma conscience et qui me fait dire ce que je dis, me fait penser ce que je pense, me fait agir comme j'agis, mais aussi fait réagir mon corps de telle ou telle manière, m'attire vers tel ou tel type de personne, me fait choisir ce travail, cette activité, me fait vivre cette situation...
Ce que toutes les parts de moi expriment de manière inconsciente en me renvoyant un inconfort, une douleur, un manque, une souffrance... et qui demandent à être vues,

entendues, comprises, acceptées, accueillies dans un seul et unique but d'évolution et afin que je me questionne "en vérité qui suis-je ? de quoi ai-je envie ? Besoin ?"
Pourquoi ma CONSCIENCE est-elle absente ?
Si ma conscience était là, toujours sur tout ce qui me concerne, alors la partie n'aurait plus lieue d'être ! A quoi bon jouer s'il n'y a pas d'amusement, ni d'enjeu ? Regarder la série spoilée ? posséder tous les biens sans effort, sans mérite, sans utilité, faire croître le maximum déjà atteint, entendre un savoir acquis, une leçon apprise.... Quel ennui !
La seule et unique MISSION dont l'homme est chargé c'est de croître selon ses propres capacités, ses dons. Et c'est en étant lui-même, en se laissant traverser par la vie sans retenue, sans encombre qu'il les découvrira. Cela demande forcément une mise à nu, lente, ou rapide.
Toute leçon apprise, comprise, peut être transmise,
Toute blessure soignée peut aider à guérir,
Tout l'amour reçu peut être partagé,
Les dons c'est cela, ils s'acquièrent, ils se donnent. Certains en possèdent déjà dès la naissance.
Tout, absolument tout pris pour acquis doit être redistribué, peu importe le moyen, c'est là qu'entre en jeu-là créativité de chacun.
Ce qui a été débloqué devient alors fluide et coule de source !
Ce qui est nourrit doit fructifier, sinon à quoi bon ? Je grossis, je grossis et puis quoi ? J'implose, j'explose !
A l'image des émotions englouties, enfouies, stockées dans le réservoir qu'est mon corps limité. Quand ça déborde le corps s'exprime, transpire ce trop-plein à sa manière, selon son langage. C'est l'alarme du corps qui appelle la conscience.
Si je retiens, si je garde ce que j'ai acquis, alors je ferme une porte de croissance, je nourris mon ego qui devient de plus

en plus gros, de plus en plus dépendant, de plus en plus ... seul et souffrant.

Tout est ECHANGE !

Quand j'ouvre une porte, elle devient ouverture sur une autre pièce où je circule librement, et j'ouvre le passage à d'autres, si je le veux bien.

Pourquoi est-ce si difficile de GUÉRIR ?

Lorsque qu'il y a un blocage quelque part, à l'intérieur de moi, pour que l'énergie passe, je vais devoir changer quelque chose en moi, ce qui veut dire donner une part de moi, que je retiens et qui me fait souffrir.

En PARDONNANT, je rends la part à l'autre sa part de responsabilité qui me fait souffrir. En me pardonnant, je m'offre ma part de responsabilité, j'accepte ce cadeau, je l'accueille, je l'accepte je l'assume, et je grandis, je guéris.

C'est si difficile car en donnant cette part de moi, je vais créer du vide, ce vide qui fait mourir une part de mon ego et qui se sent perdu, sans repère, c'est la panique !

Le remède : l'abandon à la vie, c'est la FOI qui guérit.

A l'image de la nature qui vit sans se poser de question. Nous sommes des êtres de nature avant tout.

Et comme nous sommes aussi des êtres de conscience, libre à nous de jouer avec.

Pour que l'inconscience à l'intérieur de moi soit vue, la conscience doit lui donner le droit de passer. C'est mon libre choix.

Comment avoir conscience de ce qui est inconscient : DEMANDER ! Demander de l'aide, à un ami, un thérapeute, à la vie, à l'univers, à son guide, à un défunt, à Dieu... , demander que ce qui est caché soit vu , mis en lumière.

Rappelez-vous tout est échange. Je reçois si je demande tout comme je donne quand on me demande.

Si je prends sans donner et si je donne sans recevoir cela va forcément créer un blocage ou un manque.
Un miracle arrive quand je suis prête à recevoir, accueillir, sans condition. Mon cœur s'ouvre à l'AMOUR inconditionnel, impersonnel.
Alors je le reconnais en moi.
Je reconnais l'amour divin que je suis.
Et je le vois partout, je le reconnais en chacun(e), partout.
L'amour suffit, comble le vide, il est l'accomplissement.

xxxx

Petit être,
Souffle sur les nuages pour voir le brouillard se dissiper autour de toi.
Exprime de tout ton cœur ta volonté de voir la lune se coucher, le soleil se lever.
Il se lèvera toujours pour ceux qui sont prêts à le voir, quitte à en être éblouis de la clarté qu'il amène.
Il y a ceux qui disent le voir, il y a ceux qui contemplent.
Les voyeurs détournent vite le regard de peur d'être vus, à l'heure où d'autres s'en imprègnent pour l'éternité.

xxxx

Lumière du vivant
Tout ce qui vit brille,
Illuminant ton vivant.
Ose laisser passer la lumière sans filtre,
elle éclaire tes cellules endormies.
Certes, l'incohérence de ton absurdité, t'attend là, tapissée sur le mur de ta pénombre.
Accueil l'offense de culpabilité vengeresse, punissive.

Ne la laisse pas te submerger,
Broyant ce qu'il te reste de vivant.
Savoure plutôt la beauté,
Décuplée sous la lumière de ce qui est vu.
Caressé de ta main guérisseuse.
Un vrai baume de douceur,
Qui va rendre possible,
L'Avenue d'un tout nouveau regard.
Celui de vérité, qui comprend et qui sait,
Que la nature reste aux aguets,
Des ouvertures d'accueil de lumière,
Respectueuse des choix de chacun.
Elle ne choisit jamais, elle EST.
Prenant place où c'est simple et facile,
Là où elle est accueillie à bras ouverts.
Patiente à l'infinie.
Aimante hors conditions.
Gratuitement sans attentes.
Ce sont tes résistances à l'évidence,
Qui sont à la source de tes souffrances.
Ne sous-estime pas Mère Nature
Jamais morte, toujours en vie.
Elle est quoi qu'il en soit,
Bien plus puissante,
Par son pouvoir d'impulsion de vie,
Que tes agitations égotiques éphémères.
Que restera-t-il au final ?
L'impulsion de tes mouvements de vie,
Où tes agitations dirigées par peur, orgueil et fierté ?
Mère Nature saura toujours te renvoyer,
à ta propre nature.
Crois-tu vraiment pouvoir vivre sans elle ?
Vivre sans vie ?

Dans une société où l'homme construit un monde pour apprendre même à se passer de lui ?
Lui-même étant animé par la vie.
Observe et vois,
Qu'as-tu de "n'as tu réel" en toi ?
Qui veux-tu être ?
Qui es-tu ?
Et qu'est-ce qui compte vraiment ?
La colère de ton ignorance passée,
Ou la transmission de ton savoir présent,
Ouvrant une nouvelle fenêtre,
Pour plus de lumière,
Élevant les consciences,
Pour un monde avec encore plus d'amour.

29. Croyances

Croire ?
C'est faire le choix de faire mienne une vérité. J'accepte de l'intégrer dans ma réalité et je vais adapter mon comportement à elle pour m'en imprégner afin de m'en convaincre et de me conforter dans cette adhésion. Et ce jusqu'à ce qu'elle évolue ou disparaisse, au profit d'autres croyances, ou non. Cela dans le seul but de me (re)connaître. Quand je fais le choix de croire en quelque chose, alors je vais adapter mes pensées et agissements en fonction de ce en quoi je crois pour être fidèle à cette croyance et je vais trouver les arguments prouvant la véracité de cette croyance pour me convaincre que celle-ci répond à mes besoins du moment. Les événements et mon environnement même répondent à ce en quoi je crois.

L'expérience de l'Amour

Si je crois "je ne suis pas capable" je le vibre et les circonstances me prouveront qu'effectivement, je ne le suis pas.

Si je crois "je vais y arriver !" Alors je me positionne en gagnante, quoi qu'il arrive je le serai ! Tout s'animera autour de moi en tant que tel.

Selon ces croyances, soit je subis telle une victime, sois je provoque sciemment comme responsable. Dans tous les cas je crée ma vie selon mon positionnement, selon mes croyances et je réceptionne ce que j'ai demandé.

Une croyance c'est une opportunité d'évolution, une manière de répondre à une volonté de répondre à un besoin : de sécurité, d'appartenance, de vivre une expérience, de changement, de prendre confiance en moi, de sortir d'une autre croyance qui me limite...

Chaque agitation répond à une croyance.

Lorsque j'en aurais fait suffisamment l'expérience pour me convaincre :

- soit je vais l'intégrer à ma vie pour en faire un savoir, un acquis, que je serai en mesure de prouver selon mes arguments et expériences au point de m'y identifier.

Je serai une part intégrale de ce en quoi je crois et je m'animerai en fonction.

- soit je la bannirai par scepticisme, expérience du contraire, au profit ou non d'une autre croyance.

Une croyance c'est aussi un enfermement, une limite qui me cloisonne dans une toute petite part de l'univers.

Et si chaque identification à une croyance était une couche opacifiante qui freinait l'amour dans son passage à travers moi.

Et si à chaque désidentification à une croyance je me rapprochais un peu plus de mon essence pure.

Quand je ne crois plus, alors je sais.

L'expérience de l'Amour

Je sais quand je ne crois plus.
Et si l'univers s'ennuyait tellement de tout savoir qu'il avait créé l'humanité afin de croire pour se prouver de ne plus croire.
L'amour sait ce que la raison croit.
Et si incarner amour était pour l'univers le meilleur moyen qu'il avait trouvé en l'expérimentant dans huit milliards de corps, de manières différentes.
Et si l'univers jouait juste à faire l'expérience de l'amour en tombant amoureux de lui-même par divers moyens de l'incarner, l'honorer, le célébrer, le manifester !
Ce en quoi je crois conditionne mon degré d'enfermement.
Ce en quoi je crois conditionne mon existence.
Une peur est une issue d'une croyance.
Plus ce en quoi je crois me limite dans mes expériences, plus elle est associée à des peurs, moins je suis vivante.
C'est la construction de mon identité et tout ce qui la caractérise, ainsi que l'expérience de toutes mes incarnations qui vont concéder mes croyances.
Je me détache d'une croyance lorsque les émotions associées se sont libérées.
Tant que je m'attache à une croyance sans en avoir fait l'expérience dans ma chair et en avoir transcendé toutes les émotions qui s'y rattachent, ce sera une croyance mentale donc limitante rattachée à une peur. Et cette croyance me fera expérimenter la vérité du doute, de la confusion et de la souffrance
Une croyance répond à un besoin.
La définition d'un besoin réel passe par la connaissance de qui je suis.
Pour me connaître il me faut me connecter à mes ressentis dans mon corps.

Pour ressentir, il est nécessaire de m'arrêter un instant pour être en état de réceptivité. Cela ne se vit que dans le présent.
Pour assouvir un besoin je dois y répondre par l'expérience émotionnelle passant par les sensations de mon corps. Je reconnais son assouvissement par l'apaisement rassasiant qu'il procure.
C'est au cœur de l'expérience émotionnelle par mes sens, en affrontant avec courage mes peurs de plein fouet, qu'il m'est parfois possible de jouir pleinement de la rencontre de qui je suis ! C'est ici que l'âme agit, opère, me rend vivante et me transforme de manière incroyable !
Seul le besoin d'amour ne peut être rassasié car il est sans limite. C'est mon état naturel. L'amour n'est lié à aucune croyance, il EST.

30. Mal-être

Mal être, je n'arrive plus à être !
Si tu ne te sens pas bien, ne fais rien !
Tais-toi ! Silence ! Sois la douleur, respire là !
Laisse couler l'eau boueuse au risque de la laisser te salir.
L'eau stagnante est un nid à microbes infectant tout ton organisme si tu la laisses croupir. Satanée porte d'entrée aux diaboliques manipulations par les pensées.
Lorsque tu te sens mal, laisse-toi laver de tes larmes purifiantes sans retenue.
Laisse-toi traverser de cette puanteur, aussi douloureux et inconfortable cela soit-il. Tu la verras se dissiper tel un éclair de lumière, fugace passager de qui tu es, ne laissant que l'écho d'une trace mouvante s'esquivant furtivement.
Ne cherche pas une forcément une raison à ton mal être si elle n'a pas lieu d'être, au risque de te voir la construire de toutes pièces !

Laisse-toi traverser de tout, absolument tout inconfort qui se présente à toi afin qu'il ne devienne pas le présent souterrain dirigeant tes mouvements quotidiens.
Avec amour.

xxxx

Cette boue qui stagne.
Tant que tu ne l'auras pas vue,
Remuée, piétinée, traversée,
Elle te sera rebutante, salissante, dérangeante.
Roule-toi dedans !
Salis-toi une bonne fois pour toutes.
Elle deviendra ton amie,
Elle saura même te satisfaire.
Être sale c'est quoi pour toi ?
- Le dégoût que tu vois dans le regard de l'autre, qui, en vérité ne voit de gênant, que ce qui le dérange en lui. Mais en état de boue stagnante ?
- Ou le ressenti sur ton corps de la texture à la sensation inconnue que tu ne peux qu'imaginer : gluante, humide, dégoulinante, froide, chaude, puante ?
Imagine le plaisir de te laver de cette part dérangeante, encombrante, que tu sais là, qui te salit depuis si longtemps, rendue invisible mais pourtant bien présente, bien pesante.
Tant que tu n'auras pas sauté à pieds joints dans le creuset de tes peurs elles ne resteront toujours qu'une partie inutile qui t'empêchera d'avancer.
Sois tu sautes, soit tu recules, soit tu contournes, mais le chemin le plus court et le plus direct restera toujours le plus engageant, intense et salissant.
C'est la voie de l'expérience.
Le chemin de ton corps
Le chemin de la vie.

L'expérience de l'Amour

Celui de ta tête va toujours trouver des excuses pour t'éviter de vivre, afin de ne pas disparaître et garder le monopole.
Peur de laisser place à cet inconnu... que TU es.
Car la vie, le cœur, les émotions se vivent dans le présent et l'intensité de l'expérience.
La tête elle navigue entre passé et futur, concepts de l'irréel.
Ta tête c'est la mort, elle te manipule, et fera toujours tout pour te laisser dans l'inertie du confort de ta tombe.
Regarde-la, donne-lui de l'attention, de la compassion, aime la, mais reviens aux commandes de ta vie.
Puisse-t-elle te servir afin de te guider vers tes puits de boue à traverser, à ne plus remplir et à assécher.
La mort va te faire croire que vivre est d'une saleté indélébile.
La mort c'est les croyances, la vie elle elle s'en fout !
La mort va t'empêcher de vivre, la vie ne t'empêchera jamais de mourir. Que choisis tu ?
A qui donnes tu crédit pour choisir ?
Qui choisit ?
N'est-ce pas le cœur qui impulse la vie dans ta tête ?
Mouvement de vie VS arrêt de mort

xxxx

Ose la foi

Quand tout à l'extérieur me montre et me fait vivre en dedans que j'ai le pouvoir, je me sens grande, aimée, en confiance, je sais que je maîtrise, je suis sûre de moi. Ce qui est autour de moi vibre mon pouvoir, j'ai tout, absolument tout acquis dans mon monde.
En vrai c'est ce que je ressens à l'intérieur qui fait de moi quelqu'un de forte et puissante, et c'est ce que me renvoie tout ce qui est à ma portée.
Rien ne m'atteint car je suis en sécurité chez moi.

Ma foi me rend libre car détachée de toute attente. J'ai tout ! Même ce que je ne vois pas. Je suis complète.
Ce qu'en apparence ne m'appartient pas, fait partie de moi. Et j'accepte l'éloignement matriciel. C'est ok de vibrer l'éloignement et l'apparente inaccessibilité.
J'intègre dans mon champ d'énergie mon semblable, ainsi tout est fluide, nulle résistance.
Je cesse de résister en intégrant dans ma réalité ce qui me nuit au détriment de ce qui est bon pour moi.
Conséquence du désamour que je me porte en refusant de vivre les intensités naturelles qui me traversent et libèrent toutes les scories devenues inutiles.
Le désamour est une construction, ce n'est pas naturel de ne pas s'aimer.
Il est possible de m'aimer seulement si je décide profondément de lâcher les vannes de tout ce qui me retient. Ce qui me met en résistance de crier ce « OUI » à la vie à en perdre haleine.
C'est un équilibre bien fragile humainement mais une jauge parfaite pour comprendre, au moindre vacillement, mes fragilités, mes faiblesses, et ce qui me met en danger de mort, non pas pour m'en préserver et me mettre en sursis avec cette épée de Damoclès au-dessus de la tête, susceptible de me menacer à chaque instant de ma vie, me pétrifiant de peur au moindre signal de sa présence. Mais pour plonger les deux pieds dedans afin de mourir à moi-même et ce pour renaître plus forte de mes cendres tel le légendaire phœnix. En vivant pleinement l'intensité de l'émotion qui passe et la transcender, la transmuter en force de vie créatrice !
Pourquoi suis-je aussi tanguante sur mon bateau ? Pour expérimenter les deux bords, trouver l'équilibre et me renforcer, pour grandir ! pour me préparer à la tempête qui

s'en vient, pour être un exemple, pour aider celui qui est sur le point de tomber, ou qui coule.

Parce-que je ne suis pas un être accompli, je ne suis ni Jésus, ni Bouddha, ni Krishna. Mais une âme incarnée sous forme d'être humain d'expériences à transcender, dans le seul et unique but, par voie de conséquences d'élever mes pairs vers plus de conscience, lumière du cœur.

Il m'est simplement demandé de vivre des expériences pour qu'elles me traversent de leur intensité, par le flow de l'émotion qui en découle, aussi bonne soit-elle, aussi difficile soit-elle. Et ce pour me rapprocher toujours un peu plus de ma divinité, autrement dit de la Vie, de la joie.

A mon sens c'est de cela dont il s'agit.

C'est un jeu, jouons à la vie.

31. Enfant

Cher parent,
Je suis celui que tu crois être ton enfant.
Par ses limites et son pouvoir convaincant, ton langage te persuade que je t'appartiens, mais c'est faux.
Les humains se sont créés un langage mensonger.
Sans doute le fruit d'un complot abusif maladroitement simplifié pour te faciliter l'accès à des expériences afin que tu vives pleinement ce qui est prévu pour toi...
Le problème est que la nature même de ce que tu es, ce que je suis, par ton langage trompeur, est faussé ! Il nous rabaisse considérablement.
Tu as un pouvoir créateur infini ! Tout ce qui sort de toi permet de construire ce qui est modélisé par tes pensées !
Les paroles, ont ce puissant pouvoir.
Lorsque tu dis "mon enfant", tu t'appropries ce que je suis. Je ne suis pas TON enfant ! Je suis un enfant de la vie !!!

L'expérience de l'Amour

Je suis ton enfant, effectivement si tu te considères toi-même comme un enfant de la vie !

Mais lorsque tu es dans la limite de ton personnage réduit à l'autosuffisance, croyant que tu n'as besoin de rien d'autre que toi toi et toi, petite victime en proie à tout ce qui t'entoure, alors tu fais de moi aussi un être limité victime et dépendant de toi, de tes limites, faiblesses, blessures,...

A toi parent ignorant ta nature divine :

Cesse de t'approprier qui je suis, je suis beaucoup plus grand que tu peux l'imaginer.

Ma venue ne dépend pas de toi,

Je suis le fruit d'un vaste plan divin dont toi et moi sommes une pièce maîtresse.

Chaque décision que nous prenons est de notre ressort certes, mais c'est la vie qui y répond toujours en ayant le dernier mot quoi qu'il en soit !

Tu es un exemple pour moi petit enfant ignorant !

Je me construis selon tes croyances.

Si tu fais de moi ton joujou, je ne serai qu'un jouet pour les autres.

Si tu fais de moi ton doudou, je serai un mendiant d'affection insatiable.

Si tu fais de moi ton souffre-douleur, je serai un déversoir de colère colérique.

Si tu fondes sur moi l'espoir de ta guérison, je serai malade car coupable de mon impuissance.

Si tu testes sur moi ton désamour, comment puis-je m'aimer un jour ?

Si tu es absent, je trouverai un autre enseignant.

Accueille-moi tel que je suis, accompagne-moi avec douceur et respect. Lâche tes attentes, ce ne sont pas celles de la vie qui n'attend rien d'autre que de vivre l'évidence de ce qui est là, maintenant !

L'expérience de l'Amour

Nous œuvrons tous au même niveau les uns avec les autres, et non les uns pour les autres. Car tout ce que je fais, je le fais pour moi, la Vie !
Le reste n'est que mensonge et illusion.
En comprenant que je ne t'appartiens pas, tu peux admettre que nous créons une relation, un "nous" dans lequel chacun œuvre au même niveau, dans le respect de l'autre et où chacun est LIBRE D'ÊTRE.
C'est cela aimer inconditionnellement.

xxxx

Notre pouvoir créateur infini nous permet de construire ce qui est modélisé par nos pensées selon le vaste plan divin dont nous faisons partie.
Ce sont des corps que notre personnage incarné fabrique, pas des âmes.
Nous créons un contexte permettant à une âme de s'incarner selon son plan.
Les enfants que nous mettons au monde ne nous appartiennent pas, nous avons la responsabilité de les accompagner dans leur épanouissement et la découverte de qui ils sont.
Si je me considère tel un objet périssable et mortel de passage, victime de ce monde, esclave souffrant soumis à des appartenances et des obligations, j'éduquerai ces enfants à la soumission d'une société souffrante et apeurée pour devenir de bons soldats au service de, dépendants éternels insatisfaits, en manque permanent.
Si je suis le fruit immortel béni désiré de la vie venu sur terre pour grandir, je l'accompagnerai en gratitude dans son plein épanouissement en créant un terreau fertile à sa bonne croissance en toute sérénité, avec amour sans condition.

Les enfants que nous mettons au monde ne nous appartiennent pas, ce sont de vrais joyaux à polir, à chérir, les fruits d'amour de la vie.

xxxx

Les problèmes des enfants sont les problèmes des parents avec lesquels ils fusionnent.
Soignez-vous et vos enfants guériront avec vous.
Ne vous sentez pas coupables de leur mal être mais sentez-vous responsables de leur bien-être.
Si vous êtes heureux, ils le seront aussi !
Ils ont une confiance aveugle en vous, se calquant indéniablement à votre état.
Ils sont donc incapables d'être heureux si vous êtes malheureux, ils se sentiront sinon coupables de vous trahir et culpabiliseraient d'oser être heureux.
Cela fera d'eux des adultes indignes de connaître le bonheur.
Ou des adultes responsables et heureux sans parents, détachés ou distants.
Il existe aussi un scenario ou des adultes heureux peuvent aussi l'être avec avec des parents heureux.
Nos enfants sont nos plus grands miroirs, nos plus grands thérapeutes ! Sisi !!!
Êtes-vous prêts à vous voir en vérité ?
Que souhaitez-vous pour eux > pour vous ?
Chacun de nous a le droit au bonheur.
C'est le parent qui est responsable de son enfant, pas l'inverse.
Une fois adulte, chacun est responsable de soi, incluant le bagage hérité de ses parents. Libre à chacun de choisir ce qu'il en fait.

En tant que maman, ma plus grande réalisation fût de comprendre que ma mission principale était de me détacher progressivement du rôle de parent pour qu'ils deviennent leur propre parent, et ce dans la connaissance et le respect de qui ils sont, surtout pas qui je voudrais qu'ils soient !
Comment vont vos enfants ? Comment allez-vous ? Dur d'entrevoir ce que nous ne sommes pas prêts à déterrer. C'est pourtant exactement là qu'il faut creuser.

32.   Karma

La vie te fera subir les conséquences des responsabilités que tu n'as pas assumées.
Elle te violentera si tu ne t'aimes pas.
Elle engendrera le changement nécessaire à ton existence subitement si tu ne le fais pas toi m'Aime en toute conscience.
S'aimer c'est ça être responsable !
Qui t'a parlé d'égoïsme ? Une société culpabilisante qui t'a fait croire que tu devais te sacrifier pour le bien d'autrui ? La même qui te dit qu'il faut souffrir pour être considéré et aimé ? Que l'amour est une récompense ?
L'amour est ton état naturel dont ton environnement t'a coupé par conditionnements et croyances. Assume les conséquences de l'amour, le bonheur de la liberté comme récompense est ton droit le plus noble que tu puisses offrir à ceux qui t'entourent.
Sois doux avec toi m'Aime.
> L'amour c'est pour les courageux !
J'assume ma nature divine et je crée ma propre voie, différente de celle des autres ou qui semble déjà toute tracée.

> Le désamour c'est pour les victimes, ceux qui subissent un chemin déjà tracé et triste par manque de reconnaissance.
La souffrance comme conséquence du désamour.
Il n'est jamais trop tard pour bifurquer et sortir sa tête du trou !
Nul ne se connait mieux que soi m'Aime.

xxxx

Régulièrement je rêve de mes autres vies, cette nuit j'étais un bourreau qui coupais un à un les doigts de quelqu'un. Sauf qu'à chaque doigt que je coupais je ressentais sa terrible douleur.
Je précise qu'avant de dormir j'ai ressenti l'élan de faire un soin énergétique collectif de Luc Bodin sur YouTube pour guérir de ses vies antérieures et de son Karma...
Le truc encore plus étrange c'est qu'au réveil j'avais mal aux mains et aux poignets ! Une libération énergétique à bien eue lieue.
Je sais que l'on a tous été plus ou moins bourreaux mais j'avoue que ça fait assez bizarre de s'en rappeler.
Lorsque l'on se libère énergétiquement de casseroles par le biais de vies antérieures c'est qu'il ne nous est pas possible de le faire dans cette vie actuelle par nos limitations.
Je suis toujours impressionnée de comprendre le fonctionnement humain dans l'invisible !
Toutes les relations humaines servent à éclaircir quelque chose en soi, par tous les moyens ! Soit dans la fluidité de l'amour, soit dans la violence si je résiste à me voir vraiment, en vérité ! Et nous avons souvent partagés plusieurs vies avec les mêmes personnes dans de différentes circonstances !
Tout cela pour réaliser davantage que lorsque l'on pense faire du mal à quelqu'un c'est à soi-même qu'on fait du mal.

Il n'est possible de se libérer du poids de la culpabilité qu'en se donnant le pardon.

Ce sont nos propres limites qui nous poussent à faire du mal ! En réalité (dans l'absolu) il n'est pas possible de faire du mal à autrui car dans le relatif nous ne sommes pas l'autre qui est seul responsable de sa manière de vivre les choses et de réagir selon ses propres filtres.

Nous ne sommes point responsables du bonheur ou du malheur des autres mais uniquement de ce que l'on s'inflige selon nos perceptions.

La notion de bien ou de mal est un conditionnement collectif codifié, c'est une construction.

Lorsque je suis équilibré dans mon cœur il ne m'est pas possible de me faire du mal car je suis détaché de l'individualité de l'autre.

Et je sais, car dans l'absolu je suis lui, que s'il souffre c'est que c'est bon pour lui, même s'il n'en a pas conscience et je ne peux qu'agir en me respectant parce-que je m'aime.

Chacun est l'unique responsable de son bonheur et de son malheur !

Pour se pardonner de tout le mal que l'on s'est infligé en "donnant" le mal il est parfois nécessaire de vivre cette souffrance dans ses tripes, et ce dans l'unique but de la transcender. Cela peut prendre plusieurs vies et beaucoup de souffrances.

Si je souffre dans une situation c'est parce que j'ai été conditionné à souffrir pour de bonnes raisons, c'est ce que je suis venu expérimenter ici-bas en étant séparé de tout ! Aussi difficile cela soit-il. La souffrance a sa raison d'être, que la raison ignore souvent sur le moment à cause de la forte charge émotionnelle. Mais lorsqu'elle s'apaise, je comprends alors le beau cadeau de la leçon et rien ne sera plus jamais

pareil grâce au bénéfice que la souffrance a permis d'engranger comme changement dans ma vie.
J'ai le choix de la durée ou j'alimente ma souffrance, j'ai le choix de décider de changer !
Bonne intégration.

xxxx

Avant C'est,
La vie est un labyrinthe, je suis au point A je dois me rendre au point B. Vous savez, comme dans les livres pour enfant. Personnellement je trichais en partant de l'arrivée pour ne pas perdre de temps à faire tous les tracés les uns après les autres.
Comment avancer sans carte ? Comment prendre le bon chemin ? Et si, au bout de l'impasse de la "mauvaise" route, je restais coincée dans la matrice et que le seul moyen de pouvoir en sortir était de recommencer le parcours dans un autre corps, un autre décor !
Et si chaque intersection correspondait à un acte, une action, que je réalisais dans ma vie et que l'accès à la meilleure issue dépendait de :
Chaque action que je fais par envie et conviction personnelle, et non pour faire plaisir à quelqu'un,
Chaque mot que je prononce avec le cœur et non en réponse aux attentes des oreilles de l'autre,
Chaque décision que je prends pour mon bien, pour le bien de mon corps, de mon être,
Chaque émotion qui me traverse et que je vis pleinement aussi douloureuse soit elle au lieu de la contrôler en la prenant en otage à l'intérieur de moi,
La qualité de chaque aliment, chaque bouffée d'oxygène que je donne à mon corps, pour avancer,

Chaque pensée d'amour authentique, gratuite.

Et si j'avais une couleur que je n'avais qu'à faire briller au ton le plus vif possible et que chaque décision prise en dehors de ma couleur, que chaque chemin pris dépareillé, ne faisait que la ternir.

Qu'en serait-il des choix erronés, faussés ?

Alors une autre voie s'ouvrirait au carrefour des choix … allongeant un peu plus le parcours.

À moi d'en tirer la leçon et d'en comprendre les conséquences, pour ne pas réemprunter le même chemin.

Et si seuls le départ et l'arrivée étaient prédéfinis, et que, c'était moi, ma personne qui, en fonction de mes choix redessinait la carte à chaque instant. Ayant pris pour acquis les passages à niveau dépassés.

Et si, le but de ma vie n'était pas de rester en vie le plus longtemps possible mais d'optimiser mes vies pour atteindre le plus haut niveau dans chacune !

Et si plus j'avançais dans mon parcours, plus je permettais de faire avancer mes pairs, éclairant leur tracé de ma lumière !

Et si tout était question de mouvement, de vibration, pas de temps !!!

La vie n'est pas une course, c'est une ascension !

Qu'en serait-il si j'avais accès à cette carte ? Ai-je le droit de la voir ? Sous quelles conditions ? Dois-je avoir déjà fait tout le chemin pour y avoir accès ?

Et si chacun disposait de sa propre boussole interne et que pour y avoir accès il suffisait d'apprendre à se connaître, à s'écouter, et que tout, absolument tout notre décor était là pour nous guider ! Qu'il suffisait d'ouvrir ses yeux, ses oreilles, son cœur, son intuition, ses ressentis pour décoder les indices et prendre la plus juste direction.

Bonne vie, bonne route ! C'est un jeu, c'est une blague !

33. Pulsion

Pulsions ….
Quand ça pue le si on.
Et si on ?... tatatata….
Et si on pulsionnait en conscience ?
D'où vient cette pulsion ?
C'est un rendez-vous pris avec moi-mAime à un moment où je suis disponible. Quand vient-elle me happer ? Dans quelles circonstances ? Qu'est-ce que cette pulsion vient toucher en moi ? A quel besoin répond-elle ?
Un besoin pour remplir ? gare à l'indigestion …. Ou à l'insatiable faim.
Cela vient vider ma tête pour libérer mon cœur ? gogogo !!!
L'abus du chocolat, de culpabilité, des qu'en dira-t-on du désamour, de la prise de pouvoir, d'orgueil, de doutes, de déni. …est dangereux pour la santé, à consommer avec modération.

34. Couple sacré

A Vincent mon chéri d'amour, à tous les sacrés couples qui diffusent l'amour sur Terre,

Avec toi j'ai compris
J'ai compris que l'amour n'avait pas de sens, mais qu'il était le sens.
Que la science ne pourrait jamais expliquer l'amour, mais qu'en faire le constat. Invisible évidence qui se vit, se ressens, non se pense ! Origine de tout, principe oublié de l'intelligence cérébrale.
S'il voyait toutes les réponses, le mental ne se poserait plus de question, il n'aurait plus lieu d'être. Que resterait-il ?

L'expérience de l'Amour

Il verrait que l'amour ne se maitrise pas, il est le flux naturel de mon être.
Que si je le laissais couler sans retenue, l'amour ferait tomber un à un tous les remparts de souffrance inutile, il se ferait tomber lui-même !
Il ouvrirait bien des portes de libérations.
Il me montrerait mes faiblesses et limites. Celles que je m'inflige et à quel point je suis dure avec moi-même.
Il ne resterait que des êtres d'amour créateurs de vérités !
Avec toi mon amour, j'ai compris l'amour inconditionnel, gratuit. Joie de donner sans rien attendre en retour !
J'ai compris que si je m'aimais alors je me ferais de plaisants cadeaux, car je me respecterais et je saurais ce qui est bon pour moi.
Au plus je m'aime, au plus je m'offre de la joie car c'est mon droit le plus noble pour mon bien et celui de l'humanité.
J'ai compris que l'amour véritable me permettait d'aller toucher ma blessure originelle la plus profonde de séparation en toute sécurité car j'ai compris qu'en vrai j'étais complète et que rien ne me séparait de toi car je suis toi. Même si par moments j'ai extrêmement mal de raviver cette souffrance, c'est pour me rappeler que je suis venue vivre une expérience humaine avant tout ! Et ce dans l'illusion d'être séparée de tout, pour vivre des émotions et sentiments intenses, unique carburant animant le moteur de mon corps, dans le seul but de faire évoluer mon âme dans l'accomplissement de son état originel.
J'ai compris que le miroir de tes yeux me renvoie l'amour que je suis et que l'accepter est aujourd'hui ma seule option.
J'ai compris que plus rien d'autre n'avait d'importance que ton bonheur car c'est aussi le mien et qu'en étant heureuse, je rendrais les autres, soit heureux car ils verraient que c'est possible et facile, soit coupables du désamour qu'ils se

portent, et ce dans le seul et unique but de s'aimer encore plus !
J'ai compris que c'est moi qui fixais les limites de l'amour.
Je t'aime de plus en plus fort mon amour.
Ensemble, repoussons en les limites jusqu'à l'infini, et au-delà !!!
Je t'aime tellement, du plus fort que je peux !

xxxx

Tous les mots sont si peu à côté de ce que je veux te dire.
Ce que je veux te dire tu le sais car nos cœurs se parlent bien avant les mots. Nous pourrions répéter en boucles tous ces doux mots qu'ils ne suffiraient pas à exprimer l'intensité de notre amour si fort.
En vrai nos âmes communiquent et s'entrelacent au point de fusionner.
Ensemble nous sommes complets.
Le silence est le langage de l'amour ou tout est dit.
Mais nos actes c'est ce qui nous rend vivants !!!
La parole est le langage de l'âme traduit par le personnage selon ses propres filtres, sa propre mélodie.
Chaque personne utilise une manière de communiquer qui lui est propre, en fonction de son degré de conscience.
C'est un élément du jeu de la vie pour nuancer la partie, pour la faire vivre.
Le langage est la manifestation d'incompréhensions, de désaccord entre le moldu et le mage que nous sommes mais il amplifie aussi les connexions. Il met en mouvement l'affirmation de notre humanité pour lui donner un sens propre à chacun. En réponse à un besoin.

La beauté de deux être qui sont accordés au même diapason réside dans cet espace silencieux ou chacun s'écoute, où chaque son est amplifié par l'intensité du silence.
Nous n'avons alors plus besoin de jouer, nous sommes le jeu !!!
Qu'il est bon de jouer dans l'unique but de se le rappeler ! Encore et encore avec toi mon bel amour, je t'aime en silence, et je ne te le dirai jamais assez car cet amour est sans limite. Gratitude infinie à la vie, à toi, à moi, à nous.

xxxx

Et si la seule question qui me sera posée de l'autre côté était :
"Comment as-tu aimé dans ta vie ?"
Aujourd'hui je répondrais que j'ai aimé,
Lorsque j'ai donné sans attente,
Lorsque j'ai reçu humblement,
Lorsque je me suis choisie courageusement,
Lorsque j'ai été honnête avec moi,
Lorsque j'étais en joie,
Lorsque j'avais de l'humour,
Lorsque j'ai remercié avec mon cœur,
Lorsque j'ai agi juste par envie et avec passion,
Lorsque j'ai quitté le monde des apparences pour une vie vraie, authentique, libre.
Lorsque j'ai respecté les besoins des autres, qui ne sont pas les miens !
Lorsque j'étais moi, équilibrée dans mon être.
L'amour,
Il te révèle authentique, tel que tu es !
Il te rend responsable de chacun de tes choix.
Donne sans attentes,

L'expérience de l'Amour

Il se moque des apparences.
Tout est amour, l'amour est partout !
Même en ce qui est "détestable."
Un regard d'amour comprend tout, avec lui tout est beau. Il est compatissant.
Je ne me suis pas toujours aimée mais j'aime infiniment celle que j'étais, qui m'a guidée petit à petit, d'abord avec douceur, puis beaucoup plus fermement dans l'apprentissage, et la découverte de l'amour de ma personne pour ne plus subir et devenir enfin responsable.
Je me suis alors vue progressivement avec mon propre regard, non plus avec celui des autres. Je suis devenue vivante, laissant librement l'énergie de vie circuler en moi.
Et tout mon monde extérieur a changé comme par magie !
J'ai commencé à aimer en vérité lorsque j'ai compris que dire je t'aime = dire je m'aime.
Mon cœur je t'aime tellement ! Cet amour grandissant me rend si vulnérable et vraie. Je remercie le ciel de te connaître. Tu es si merveilleux, une grâce !

xxxx

Aucune photo, vidéo, ne pourra montrer la beauté de ce que j'ai sur le cœur, vois de mes yeux, entends de mes oreilles, ressens dans mon corps.
Dorénavant je cesse de vouloir prendre comme acquis ce mouvement perpétuel.
Je joue le film de ma vie ! Je cesse de vouloir le figer dans ma tête alors qu'il se dérobe sous mes pieds ! Je marche, vis, aime tout en redécouvrant le scénario chaque matin par l'élan de créer de nouvelles sensations !
Mon corps vit la beauté du paysage,
Car il est le paysage !

Mon corps vit l'amour car il est l'amour !
L'amour n'est pas un concept qui s'enferme et se conserve.
L'amour est la seule réalité qui se ressent, qui se vit dans le cœur de l'instant présent sans aucune pensée.
Gratitude à la vie de nous avoir rassemblés pour ressentir l'amour que nous sommes, à la lueur de la lune, sous la protection des étoiles, à l'humble petitesse de nos deux êtres dans cette immensité bordée de montagnes, accompagnés du son de la chouette, bénis par l'ouverture du chemin by peperking dog.
Jouons ensemble, main dans la main le merveilleux film de notre vie.
Mon amour, je t'aime
Je t'aime du plus fort que je peux.

xxxx

L'équilibre dans le couple
Toute interaction a lieu dans une justesse parfaite ! Soit pour combler un manque, soit vider un trop plein.
Le magnétisme naturel de la vie !
La souffrance est la conséquence d'un déséquilibre.
Le bonheur réside dans l'harmonie !
La multiplicité amplifie.
Toutes les expériences servent à équilibrer notre intériorité avec comme jauge le taux de souffrance, de bien-être.
Deux êtres conscients peuvent parfaitement s'équilibrer en posant avec vérité leur attention sur la nature de leur relation pour se guérir ensemble !
Les êtres conscients sont selon ma définition, des personnes responsables au cœur ouvert, aux émotions libres (toutes!), la parole juste et à la capacité et le désir de se remettre en question en opérant du changement en eux.

Même l'équilibre est amplifié, décuplant ainsi l'amour tout autour d'eux ! Mettant de la transparence sur ce et ceux qui les entourent.

Un couple sacré se guérit mais est aussi une très grande source de guérison, dans la douleur ou la douceur, selon les déséquilibres et la conscience de chacun !

Les cœurs fermés ne supportent pas de voir des couples sacrés. Si tu lis ce texte c'est que tu as le cœur ouvert ou que tu aimerais l'ouvrir.

xxxx

Sacré couple !

Plus je grandis en conscience, plus je mets du sacré dans ma vie.

Selon moi, le sacré c'est la conscience du lien divin entre la matière, ce qui est palpable et l'essence de ce qui nous rend vivants bien au-delà du visible, de l'expérience humaine terrestre.

C'est la conscience de mon pouvoir de création dans l'expérience de l'invisible rendu visible, de l'intouchable rendu palpable, de l'inentendable rendu audible, de l'inodore parfumé, de la mort rendue vivante, du fade rendu pleins de saveurs, de l'inconscient rendu conscient, des blessures de l'âme cachées enfin incarnées, de l'amour manifesté et honoré sans limites !

C'est la conscience de la révélation ! De l'amour tout simplement.

En vivant pleinement l'expérience du couple sacré avec mon chéri, nous osons nous révéler pleinement !

Le couple sacré c'est l'union d'amour de deux êtres conscients prêts à se donner tout entiers l'un à l'autre sans retenue ni concessions.

C'est accepter l'autre tel qu'il est dans le respect et l'attention des besoins de chacun.
C'est se montrer, s'admirer, partager, oser,
C'est se découvrir avec l'autre,
C'est aimer l'autre autant que soi,
C'est s'aimer à travers les yeux de l'autre,
C'est l'amour équilibré.
L'amour du couple sacré c'est l'amour du don de soi et de l'abondance.
Amour de ma vie, je t'aime à l'infini, comme jamais je n'aurais imaginé qu'il était possible d'aimer immense gratitude à la vie de nous avoir réunis pour pouvoir le vivre ensemble.

xxxx

L'amour conscient,
Aime sans raisons,
Aime sans limites,
Aime sans mensonges,
Aime sans peurs,
Aime sans filtres,
Aime sans attentes,
Aime avec discernement,
Aime avec intelligence,
Aime avec douceur,
Aime avec tact,
Aime avec attention,
Aime avec courage,
Aime pour de vrai, entièrement.
Il se donne entièrement,
Il reçoit à bras ouverts.
Il est intense et puissant.
Il se cultive dans l'abandon à l'autre,
Dans l'abandon des expériences de vie ensemble.

L'expérience de l'Amour

35. Où est Dieu ?

Où est Dieu ?
De combien de couches t'es-tu encombré pour ne pas le voir ?
**Quand tu le cherches en dehors de toi, tu refuses ce qui t'es dû de plein droit et tu te juges sévèrement.
Tu es séparé de tout, victime de ta souffrance, mendiant d'amour, récompense des méritants. Tu es victime du bourreau en chef que tu as choisi d'être pour toi et tu subis ta vie, coupable de vivre !
Oui la vie t'amènera le bourreau physique ou circonstanciel demandé avec amour sur un plateau mais tu ne récolteras que de la compassion distancielle ou la pitié de tes semblables en te maltraitant de la sorte.
Voir pire la jouissance des chercheurs de souffrance.
Si tu ne sais pas ce que tu veux et que tu le cherches, la vie te feras des propositions pour te le faire savoir. Peut-être de manière bouleversante pour que l'impact émotionnel agisse efficacement et faire naître l'évidence.
**Quand tu te prends pour Dieu, alors tu es le sujet parfait pour être le bourreau des autres. Tu jouis de leur souffrance. Éternel incompris et envieux. Tu sembles dénué d'empathie et l'orgueil te démange tellement qu'il est ton moteur pour prendre du plaisir à marcher sur la tête des autres.
Aveugle et sourd, pion parfait au service de la matrice. Esclave diabolique du plan de Satan. Puisses-tu un jour te libérer de ta prison de souffrance qu'aujourd'hui tu ne soupçonnes même pas.
**Quand tu as trouvé Dieu en toi, tu le vois partout, et tu acceptes tout ce qui t'es proposé dans la vie, même si tu souffres, car tu sais que chaque cellule de ton corps est le

fruit de l'Amour. Chaque imperfection est là pour te le rappeler car elle répond chimiquement un besoin.
Tu te résilies avec foi à ton père Amour appelé aussi Dieu. Tu cesses de chercher et d'attendre, et tu acceptes tout ce qui t'es proposé comme difficulté car elle va te libérer d'une couche opacifiant ton état originel. Et ce même en laissant ton corps hurler sa souffrance, larmes purifiantes, non plus plaintives ou mendiantes.
La vie t'amènera ce qui est bon pour toi car tu transpires les besoins, les envies de ton âme. Tu es ton unique sauveur.
Tout se joue entre toi, toi et toi.
Tout le reste à ton service.
Tout ce qui est hors de toi répond magnétiquement à ce que tu vibres en dedans.
Tu vibres amour ? tout ce qui t'entoure est amoureux de toi.
Toi seul comme générateur de changement. Tire les leçons des enseignements évènementiels pour grandir en conscience et faire changer ta vibration.
Un état de paix profonde aide à purifier le monde.
Laisse-toi toucher par le beau. Car la beauté c'est l'expression de l'amour qui impacte directement ton cœur.
Le langage de douceur universel de Dieu sans mots.
Il est présent dans chacune de tes cellules, le voir c'est l'honorer. Gloire à Dieu !
Gloire à cette partie de moi qui frappe à la porte et que désormais je laisse émerger sans retenue.

36. Dons

Ose utiliser tes dons !
Ils font partie de toi, c'est ce qui t'a été naturellement donné pour être le parfait instrument jouant la musique de la vie. Chaque fausse note se joue lorsque tu veux intervenir en devenant le musicien plutôt que l'instrument.

Sois transparent, en disant tout ce que tu ressens, en pleurant, en riant, en laissant s'exprimer ce qui se doit de l'être et en t'activant suivant la direction joie de ta boussole interne.

Laisse parler ton cœur pour qu'il grandisse, s'expanse et donne sans retenue, sans limite !

Fais fis du jugement. C'est cette part de toi musicienne qui pense contrôler la musique alors que la musique ne peut être créée et jouée qu'en harmonie dans la rencontre entre la force de vie et la vie elle-même en mouvement dans ce que tu incarnes. Autrement dit entre le musicien et son plus bel instrument parfaitement accordé.

La personne qui contrôle se désaccorde et devient source et maîtresse de ses fausses notes, sujette au doute, et prenant alors des détours sur son chemin.

La divine musique se joue naturellement via des instruments purs et transparents.

C'est l'individu, le mental qui filtre et refuse de recevoir l'amour ! Accepte de bannir de ta vie ce qui entrave le flux naturel de l'amour !

L'amour ne se maitrise pas, il se vit sans retenue.

Aucune peur n'existe dans le cœur.

Trouve le moyen qu'il te convient pour te permettre d'entendre le langage de ton cœur qui ne te parle qu'en silence.

Et tu entendras bien plus que ce que tu peux imaginer, tu entendras dans le langage de l'amour, parler la musique céleste de ta Divinité, celle que tu es par nature, bien avant cette histoire que tu te racontes et que tu n'es pas !
Tu n'as rien à faire pour cela, juste à être.
L'Êtritude nécessite l'abandon total à ce qui est, cela passe par l'allègement de tes encombrements pour te (re)connaître.

xxxx

Et si le but de la vie n'était pas d'éviter de mourir mais de vivre pour bien mourir !
Et si j'étais vivante lorsque j'étais pleinement moi !
En m'acceptant telle que je suis, je saurais déployer mes vrais talents pour les offrir au monde.
C'est ce que j'offre au monde avec joie et sans attentes qui permet l'abondance !
C'est le don gratuit du cœur qui se multiplie à l'infini, la division du pain qui en permet sa multiplicité pour se nourrir et nourrir les autres abondamment !
Et si la vie se manifestait en mon humanité à travers tout ce qui ne se voit pas.
Et si j'apprenais à voir et entendre l'invisible en moi pour savoir qui je suis !
Je suis une âme invisible impulsée au cœur d'un corps physique doté d'un esprit intelligent.
Fais taire un instant le bruit de ton esprit pour entendre ce que ton âme exprime dans le silence de ton cœur.
Et dompte le pour qu'il te serve, non te desserve.

37. Souffrance

Vu la force des énergies qui m'ont traversées à l'écriture de ce texte, il est certain que le message est fort. Puissiez-vous en sa lecture vous en imprégner et en saisir les subtilités pour une vie plus consciente.

LA SOUFFRANCE
"Mon Dieu, mon Dieu, pourquoi m'as-tu abandonné ?" (Matthieu 27.45-46)
On se sent très souvent seul face à sa souffrance, celle qui vient nous happer en dedans.
L'heure de la souffrance est un rendez-vous pris avec soi-mAime pour se voir en vérité tels que nous sommes. C'est dans l'intimité de ce moment qu'il est possible de se rencontrer, si nous n'y sommes pas parvenus autrement, par le seul biais de la joie, interdit collectif où le divertissant mental a pris beaucoup trop de place, au détriment de l'être vivant et sensible que nous sommes. Nous détournant ainsi de notre si intense vérité.
Ma souffrance est à son apogée lorsque je me torture l'esprit pour la comprendre dans ma tête, alors je l'alimente sans fin. Et c'est bien parce qu'elle ne se comprend pas là-haut que le rendez-vous est pris en bas, pour enfin la vivre pleinement.
La souffrance se ressent dans le corps, souvent en réaction à une pensée. Je souffre lorsque cette pensée prend le contrôle de ma vie, dissimulant l'instant présent derrière le temps passé ou futur.
Je réagis, non pas à ce que je vis dans l'instant mais à un concept mental. Je souffre lorsque je vis dans ma tête. Et en ne vivant pas l'instant de souffrance dans mon corps en m'abandonnant pleinement à la tristesse, je ne fais que

remplir un réservoir de mal être dans mon corps, même si je n'en ai pas conscience.

Pour moins souffrir, faites de maintenant votre demeure principale.

Bien sûr, j'habite aussi hier et demain mais je m'en sers comme support créatif dans le présent plutôt que de les servir en alimentant leur potentiel de souffrance en regrets et nostalgie ou impatientes attentes.

Tout est construit dans la société pour fuir de nous-mêmes. Nous avons construit la souffrance, dans l'absolu elle n'existe pas.

Le mental est construit. Tandis que L'Être est par nature. Paradoxalement je suis mon propre bourreau et sauveur à la fois.

La souffrance créée se cristallise dans le corps physique lorsque sa charge est lourde et qu'elle n'est pas vécue pleinement.

C'est une énergie, conséquence d'un événement, qui va créer une pensée, qui va faire réagir le corps. Lorsque je résiste à la souffrance pour ne pas en ressentir l'effet désagréable dans mon corps, je vais comme la maintenir en otage à l'intérieur de moi, figeant alors une mémoire susceptible d'être ravivée encore plus forte dès qu'une situation d'effets similaires se présentera dans ma vie dans le seul et unique but de m'en libérer.

Mon corps de chair, étant un réservoir matériellement limité, il débordera lorsqu'il sera trop plein. Je vais alors inconsciemment me créer une maladie, une épreuve, apogée de la souffrance pour enfin accepter de souffrir.

La souffrance est une énergie qui peut être libérée lorsque je l'ai touchée, si je l'autorise, et en cessant de l'alimenter dans ma tête. Chaque circonstance consciente ou non a ce seul et unique but.

Certains ont atteint un tel degré d'empathie qu'ils vont ressentir la souffrance de l'autre et la vivre dans leur corps. Dans ce cas ils pourront les aider à la libérer. Cependant je recommande vivement de ne pas chercher à alimenter le mental, au risque de laisser de désagréables énergies dont émotions et peurs s'installer en soi.

Pourquoi est-ce si compliqué d'accepter de souffrir ?

> ➢ parce-que ça fait mal et je refuse d'avoir mal, je ne connais pas le rôle de la souffrance, on ne me l'a jamais enseigné. Il y a un interdit collectif à souffrir. C'est même parfois tabou.
>
> ➢ Par conditionnement, habitude, peur, je refuse l'inconfort de la souffrance car je crois qu'elle peut se transmettre. Je me soucis beaucoup des autres pour ne pas me voir exister, je me fuis. Je crois être responsable des autres et je crois donc être victime de ce qui m'arrive, je culpabilise.
>
> ➢ Chez la majorité des êtres humains en Occident, le mental n'a de cesse de s'auto alimenter en peurs et crée des réactions corporelles en somatisant stress et anxiété. Cela s'appelle vivre dans sa tête et un esprit ainsi encombré ne parvient pas à se libérer, évitant la confrontation de l'émotion sous-jacente.

Il est possible de vivre une vie de souffrance mentale juste pour ne pas vivre pleinement l'émotion. Pourquoi ? Parce qu'ainsi le mental sait qu'en tombant au plus bas de sa souffrance en permettant au corps de la vivre, alors il va disparaître, il n'y aura plus de pensées laissant place à cet autre chose beaucoup plus profond, intense et vivant !

Et c'est bien ce que nous sommes venus expérimenter ! L'intensité de la vie sous toutes ses facettes.

> Et surtout car plus rien ne sera jamais pareil, après avoir vécu et intégré le cadeau de l'épreuve, j'ai changé. Je vais être moteur de changement dans ma vie et celle de ceux qui m'entourent. Le pouvoir d'en assumer toutes les conséquences ne s'acquiert qu'après dissolution de vieux schémas de fonctionnements, d'habitudes, de vieilles croyances et de résilience par acceptation de la douleur.

Devenir responsable de sa vie c'est devenir sage.

L'acquisition de la sagesse c'est la conséquence de la dévotion à l'amour.

Jésus Christ s'est laissé happé par l'amour, il est devenu tout Amour au moment même où il a vécu toute la souffrance dans sa chair et qu'il a cessé de remettre son pouvoir à un Dieu extérieur. A ce moment même où tout est accompli pour lui. Il était si puissant en amour qu'il est devenu tout Amour, ses capacités lui ont permis de raviver la flamme de très nombreux cœurs endurcis à travers les siècles et aujourd'hui encore.

Notre âme s'incarne avec un patrimoine de blessures engrammées en elle. Un florilège venu de nos autres vies et héritages ancestraux, sociétaux. Raison pour laquelle nous ne sommes pas tous égaux face à l'ampleur de la tâche !

L'incarnation est la manière la plus rapide et efficace de s'en libérer.

Certaines souffrances sont même si lourdes à porter pour un seul corps qu'il faudra créer de très nombreuses incarnations simultanément pour les libérer.

Certains êtres, de part leur transparence, ont la possibilité de libérer de grosses charges partagées . Ils ont la faculté de diffuser la lumière autour d'eux et bien plus loin. Comme JC mais aussi de nombreux êtres incarnés aujourd'hui qui l'ignorent mais qui rayonnent d'une lumière pure sur de multiples facettes.

Il n'est possible de faire passer la lumière que sur les aspects que l'on a éclairci en soi. Sinon c'est l'ombre qui domine. Tout comme il est aussi possible de les éclaircir en soi par réverbération de l'autre, en se guérissant ensemble. C'est d'ailleurs à ce moment-là que la lumière est à son apogée, par la force du mouvement de vie qui vient libérer en force, en masse.

> ➢ Tu veux savoir qui tu es ? Ta vérité c'est ce qui t'habite. De ta plus grande joie à ta pire souffrance. Tu es toi lorsque tu t'incarnes dans toute ta splendeur.

Pour libérer ta vérité pose ton propre regard de douceur sur toi pour voir ce qui t'en empêche.

A chaque choix que je fais : répond-il à un besoin viscéral de mon être pour me libérer d'une part d'ombre ? sert-il la lumière par la joie de donner gratuitement ?

Ou vient il servir mon orgueil pour me tapir encore plus dans l'ombre en nourrissant mes manques. Pour l'illusoire confort de ma petite personne en protégeant davantage mes ombres et ne surtout pas venir les éblouir.

Un esprit seul sans corps peut difficilement vivre l'allégeance. Il peut errer ainsi toute une éternité, tel un chien qui tente de se mordre la quête, dans trouver d'issue ! Sans même penser à en chercher une ! N'ayant un corps de désirs et d'envies portant l'être vers d'autres horizons plus nourrissants.

L'incarnation humaine est sans conteste la voie rapide qui permet de mettre de la lumière sur nos enfermements.

Puissions-nous saisir l'opportunité qui nous est donnée pour grandir en conscience.

Peut-être le comprendrons nous davantage lorsque nous redeviendrons pur esprit, selon notre degré de conscience mais il faudra encore attendre le moment venu d'une nouvelle naissance, puis lever le voile de l'ignorance à nouveau... et cela possiblement pour de très nombreuses incarnations.

Certaines très vieilles âmes souffrent beaucoup de l'attachement à un esprit très encombré. Si cela te parle, il t'appartient à toi seul de faire le choix et l'effort de te désencombrer de ce personnage fictif beaucoup trop imposant. Trouve pour cela la méthode qu'il te convient mais ça passera sans contexte par l'écoute des ressentis de ton corps. De ta manière de fonctionner en dedans tu créeras des circonstances pour cela. Selon des pratiques artistiques, physiques, sensorielles, professionnelles, sociales.... Mais aussi selon diverses expériences, allant du deuil, à l'expérience de mort imminente, au coup de foudre amoureux !

Évidemment me diront certains, tout est juste, dans l'absolu ! Bien sûr, mais Ici j'intègre l'absolu dans le relatif, car j'aime jouer ! Et je choisis le camp de la transparence de l'amour, de la lumière, de la vie ! Car c'est beaucoup plus agréable à vivre en tant qu'humaine et donne à la souffrance une dimension beaucoup plus douce.

Ce qui nous rend vivant c'est ce corps humain plein de sensations. Pensez-vous qu'il soit possible de vivre pleinement l'expérience d'un pays dans un livre ? Ou dans un film ? Bien sûr, il est possible d'intégrer par le biais de l'imagination, par la force de l'esprit mais ne serait-ce pas plus intense de le vivre en y voyageant ? en ressentant la chaleur du soleil sur sa peau, en sentant les odeurs de la végétation emplir ses narines, en admirant de ses yeux le paysage, en écoutant le langage propre en s'imprégnant des bruits environnants, en goûtant les spécialités des mets culinaires. Tout un panel mettant en émoi tous ses sens ! Et comment imaginer une sensation nouvelle qui n'a jamais été expérimentée ? En en faisant l'expérience bien concrète, déclenchant une émotion perçue négative ou positive permettant de cibler ses préférences propres et uniques. Porte ouverte à la connaissance et à l'amour de soi !

Nous faisons bien l'expérience de l'absolu dans le relatif, et cela passe par la pleine connaissance du relatif que nous sommes, dans l'expérience et l'acceptation de nos limites et de ce que nous sommes venus transcender aujourd'hui.

Ton expérience, ton épreuve n'est pas celle d'un autre mais celui qui l'aura vécue et transcendée sera alors à même de t'aider pour y mettre plus de lumière.

Demande de l'aide au Divin et laisse-toi alors guider par ceux que tu trouveras sur ton chemin. C'est la magie de la vie.

Ne refuse jamais à des larmes de couler, même si tu ne sais pas pourquoi.

Ris à en n'en plus pouvoir, même si la bienséance le condamne.

Crée-toi un espace et un cadre sécurisé pour hurler de rage jusqu'à en perdre haleine.

Saute de joie à t'en cogner la tête.

Aime à en perdre la raison.

Ne culpabilise jamais de vivre, c'est ton droit le plus noble.

C'est l'abandon total à l'expérience qui se présente à toi qui en permettra le plein accomplissement.

N'oublie pas que le jugement est ton pire ennemi s'il ne fait qu'aboyer, mais il est aussi ton meilleur ami car si tu l'écoutes, il te fera ressentir exactement ce que tu as besoin de vivre pour t'en libérer.

Avec amour.

xxxx

Le désamour que tu te portes te fait te diriger en ce sens, vers des personnes qui ne sont pas capables de t'aimer. C'est là que tout commence. Cesse de vouloir ramasser les miettes de pain alors que tu peux être le cultivateur du champ ! Commence par te connaître pour savoir ce qui est bon pour toi et ce dont tu as vraiment envie. Toutes ces rencontres servent à te mettre en face de tes limites et incohérences pour te montrer le rôle que tu t'es choisi inconsciemment. La souffrance sert à ouvrir l'esprit par la sagesse du cœur.
Ton environnement t'a aidé à te conditionner pour que tu ne t'aimes pas. Cesse de vouloir plaire à tout le monde, libère-toi du regard des autres et vois toi à travers ton propre regard.
Qui es-tu ? De quoi as-tu vraiment envie, en vérité ? En réponse à quel manque ou besoin te diriges tu vers tel ou tel type de personne ? Lorsque tu entameras un vrai travail de fond pour te découvrir, tes relations changeront à la mesure de l'amour que tu te portes.
C'est toi qui créés ces rencontres dans ta vie !

38. Contrôle

Ne laisse pas...
Tes blessures te gouverner, la frustration de tes besoins inassouvis est bien plus dévastatrice.
La protection d'un quotidien confortable anesthésiant s'installer, l'ennuie de la mort te gagnera.
La peur de te tromper te happer, au moins tu sauras où ne plus aller.

Le sacrifice te gagner, c'est que l'autre te veut pour lui telle une béquille comblant un manque. Tu n'es pas un objet.
Le contrôle prendre le dessus, tu ne pourras jamais prévoir l'imprévu, qui répond à une peur.
N'attends rien, tu ne seras jamais déçu, tu seras juste très vivant !
Donne sans compter, aime sans attentes, reçois sans retenue.
Vivre est ton droit sacré le plus noble.
La peur de souffrir est une parfaite mise en évidence de cette part de toi que tu hais.
C'est exactement là que tu dois aller pour te voir en vérité, c'est ton pire cauchemar que tu dois toucher du doigt pour te réveiller libre d'un rêve que tu gouvernes, en vérité !
C'est le jeu.
L'urgence c'est d'aimer !

39.   Pouvoir de création

Le temps n'existe pas.
Il existe une croyance du temps qui passe.
C'est un concept de l'homme pour créer un rendez-vous, une attente. Le mental se nourrissant de projections est incapable de concevoir l'existence d'un présent qui est, en fait l'unique réalité.
Il ignore qu'ainsi il délègue son pouvoir créateur et devient passif, sous contrôle des autres mais ainsi il se voit exister par projection de conscience à l'extérieur.
Le corps lui étant palpable existe afin de se mouvoir dans un espace où chaque geste, chaque émission, agit sur tout, absolument tout.
C'est l'intention qui impulse le mouvement.
Au plus je m'agite, au plus j'agis sur le monde. Au plus je m'agite avec amour, au plus je rends le monde amoureux.

C'est l'intention de chacun qui fabrique le monde. Tout est vu, tout agit, nul n'est jugé dans l'absolu mais plus je suis conscient de cela, plus je crée une réalité en adéquation avec qui je suis.

Je suis inconscient ? Alors je donne mon pouvoir créateur aux autres...

Je suis conscient ? Alors j'agis en adéquation avec mes aspirations quoi qu'il en soit même si je n'en ai pas l'impression.

Il existe une puissance d'amour d'une intelligence sans pareille qui a tout créé, la perfection, l'infinie beauté de la nature et le mouvement des planètes agissant sur le mouvement terrestre, base de confection d'un calendrier humain.

Et s'il existait un monde parfait qui sait exactement ce qui est bon pour moi et auquel je m'en remettais entièrement ?

Et si j'étais venue incarner ce corps pour colorer le monde de mon unique teinte parfaite, pour le rendre encore plus beau !

Et si je me servais de mon mental pour créer de la beauté en le mettant au service de la vie dans l'abandon des purs "hasards" !

J'aime rêver ! J'apprends à m'abandonner aux parfaits hasards dans les repères de ce monde aux mouvements quantifiés ! Au cœur des rencontres organisées !

Et j'assume de plus en plus la puissance de mon pouvoir.

xxxx

Equi libre
Si je crois que j'attire à moi les éléments, je suis dans l'attente d'un futur possible, et alors pointent impatience et frustration.

Je suis libre d'agir, j'ai le pouvoir de création, libre de toute attente. Car je suis le créateur, la créatrice dans l'instant présent. Je suis la création.
Je m'abandonne au processus, de la vie qui me traverse.
Quand plusieurs êtres s'abandonnent au processus, la puissance de création est décuplée pour donner de la force à notre cocréation.
Je m'aligne à ma vérité pour créer le bonheur, pour inspirer le bonheur, pour diffuser le bonheur.
Après la guerre, le désir de paix est là, dans le cœur de chaque "un". Fin prêt(e) à baisser les armes.
C'est la tête et uniquement elle qui crée le conflit.
L'intérêt d'être une humaine, c'est de trouver le juste équilibre de tous les systèmes qui me composent, mon corps, ma tête, mes émotions et mon cœur.
Pour en extraire la plus belle essence, carburant créatif de ce monde.
Divine couleur qui me compose, colore ce monde de ta nourrissante force si singulière !

xxxx

Re(s)pons(abl)e.

Tout ce en quoi je crois se manifestera dans ma vie.
J'agis en conscience parce que je sais que l'univers me répond en conséquence.
Je ne connais pas la réponse mais je sais qu'elle sera forcément bonne et juste pour moi.
Je trouve la solution dans la réponse.
Je me libère.
Je crée ma vie de rêve.
Amen

40. Evidence

Lorsque c'est bon pour moi :
C'est fluide, facile, évident, nul besoin de faire d'efforts.
Je me sens moi, m'y reconnais.
Je suis à l'aise.
Je prends du plaisir, je suis en joie.
J'ai envie de donner gratuitement, sans attentes.
J'ai l'élan de créer, de sortir de mes habitudes.
Je n'ai pas besoin de réfléchir.
Je n'ai plus la notion du temps.
Mais cela semble contraire à ce que veut ma tête qui :
N'en veut pas
Complique tout
Refuse ! trop facile,
Émet des objections et contrôle,
...Pour ne pas disparaître !
Quand je suis moi dans mon essence pure je ne pense plus en me projetant hors de moi car je suis. Je canalise le rayon Divin que je suis maintenant sans entraves et mensonges car je ne suis pas mes pensées polluantes, je ne suis pas un concept. Ce que je suis est un joyau actif dans le présent de mon cœur et qui n'émet que ce qui est vrai, en amour, avec compassion et en joie.

41. Infertile

Un fertile ?
La fertilité est une aventure à trois !
Un principe féminin mère divine inspiratrice accueillante.
Un principe masculin père céleste d'incarnation qui donne.

Un principe divin qui relie les deux pour construire une œuvre nouvelle. L'équilibre de l'amour dans l'instant, point zéro.
Il n'est possible de créer que dans l'espace du moment présent.
L'inspiration vient de la plus haute partie de moi. Celle à laquelle je me relie lorsque je m'abandonne à cette force créatrice qui dépasse mon mental et se déploie à travers mon corps. C'est alors que je m'en remets avec confiance à la vie. Ce n'est pas moi, ma petite personne qui créée, c'est cette force qui m'anime que je ne saurai nommer, qui me fait l'outil, initié ou pas à un savoir, pour embellir ce monde.
Cela ne peut fonctionner si ma petite personne interfère dans le processus de création par ses croyances limitantes, ses doutes, peurs, abus de contrôle... Elle est alors limitée, esclave d'elle-même, à œuvrer sur un plan inférieur contraint à l'imitation.
L'imitation sert pour apprendre et appeler cette force mentale à justement se lâcher la grappe dans l'acquisition de la confiance.
Et c'est dans cet espace de confiance appelé foi que le miracle de la vie opère !

42.   Kundalini

Et si le serpent était là clé de la vérité de chacun et non le vilain tentateur du "mal » ?
Et si tu avais le pouvoir de choisir mais que tu avais été conditionné à te soumettre avec des peurs ?
Et si la vérité de chacun se trouvait en chacun, et non dans un livre.
Le serpent, énergie de vie spirituelle révélatrice de ton essence pure, éveille l'esprit de la conscience divine par la

connaissance, il rend l'homme libre par la force de son pouvoir créateur.

Et cela en libérant l'homme de ses encombrements, ingérés par lui-même, à l'aide de son environnement, sa famille, ses amis, l'école, la religion, la télé, ….

Il est le feu sacré, puissant purificateur intérieur, Il est le puissant karcher libérateur des croyances encombrantes.

Croyances qui profitent à qui ?

L'énergie de vie spirituelle, l'énergie de Kundalini, l'Esprit saint, le Chi, le prana, etc…représentée notamment par le serpent du caducée des médecins, est présente en chacun de nous et active sous son aspect extérieur chez tous. C'est elle qui nous permet d'être vivant avec tous nos sens et de mettre en action nos organes. Cependant elle est en latence chez la plupart des gens sous son aspect intérieur, c'est l'énergie spirituelle qui nous relie à tout ce qui est vivant, en amenant l'éveil des sens subtils et la connaissance.

Il est possible de l'éveiller dans son corps en la stimulant pour les personnes qui sont prêtes à l'accueillir. Elle part du 1er chakra, le périnée, jusqu'au 7e, au-dessus du crâne, en montant le long de Sushumna, un conduit énergétique qui traverse le corps par tous les chakras principaux.

C'est souvent le début de l'éveil dit spirituel, en tout cas ça va avec.

Nous n'apprenons malheureusement pas cela à l'école, et dans les pays dits développés, et pourtant c'est l'essence même de qui nous sommes ! Et oui, cela signerait le début de l'évasion d'un système qui nous manipule et l'envie irrépressible d'être libre….

Il est possible qu'elle se soit réveillée chez certains êtres naturellement en douceur, sans même qu'ils s'en rendent vraiment compte par manque de connaissances !

La contrepartie étant tout de même bien souvent des changements radicaux dans leur vie, surtout si elle n'est pas alignée à leurs aspirations. En effet, il ne leur est plus possible de faire semblant et de subir car l'énergie d'amour voit toutes les fausses notes ! Sa musique est pure.

Chez d'autres, tentés de forcer son passage dans une intention égotique, cela se fera avec violence, surtout s'ils ne sont pas prêts à l'accueillir physiquement et psychiquement car son passage sera bloqué aux endroits conflictuels en eux. C'est toute une éducation, une discipline bafouée par la religion des hommes, avides de pouvoirs.

Il est, selon moi, essentiel d'avoir un accompagnement thérapeutique, lors d'un éveil de Kundalini qui appelle la connaissance et la mise en évidence de grosses dysharmonies en soi. En effet cela réveille aussi tout un panel d'émotions fortes conséquentes aux prises de conscience, surtout si le cœur manque d'ouverture, mais aussi souvent l'éveil de facultés extra sensorielles effrayantes par méconnaissance. Cela ayant d'ailleurs rendus certains malades ou conduits d'autres à l'enfermement et à la camisole médicamenteuse, simplement par manque d'éducation et inconscience.

L'homme qui a la conscience éveillée par le feu sacré et aligné en son cœur ne répondra qu'à l'appel de la lumière.

Le Dieu de la genèse a rendu l'homme souffrant et mortel pour le punir d'avoir "usé" de son libre arbitre d'expérimenter ses sens ! Pour moi ce Dieu s'apparente plus à père castrateur ou un diable culpabilisant et enfermant qu'à un père d'amour responsable.

Éduque-t-on à la sagesse en punissant ?

De mon propre avis la sagesse s'acquiert par le partage, la connaissance et l'expérience.

Pour t'aider à te connaître :

A chacun de tes gestes, chacune de tes paroles, demande-toi pourquoi ? quelle est ton intention réelle ?
Es-tu esclave de tes peurs ou libre de tes envies ? Conditionné par une attente ou libre de donner ?
Ton action répond-elle à une peur ou un besoin ? Qui es-tu ? Quels sont tes besoins ?
Cela passe par l'exploration de toutes les sensations de ton corps, par le libre accès au passage de tes émotions !
Chaque être libre est un diamant brut capable de polir n'importe quelle pierre issue de l'étincelle divine.
Garde ton pouvoir en toutes circonstances pour une vie joyeuse.
Et si Dieu était en toi et que chacun de tes agissements, chacune de tes pensées influençaient le monde ?
Et si tu étais ton unique juge ?
Christ serait la lucarne de ton cœur qui te permettrait de voir ce qui est juste avec la transparence de ton état naturel l'amour.
Ton esprit serait alors au service, non plus de la souffrance mais de la joie !
Il autoriserait ton cœur à donner de l'amour abondamment sans filtres de peurs ! Et tout ton être s'émerveillerait de voir l'amour qu'il est, partout, en tout, dans la perfection de sa création.
Tu vivrais alors l'expérience intense de l'amour sacré dans ton humanité et tout ton monde serait créé non plus selon ton esprit aveuglé des blessures de ton âme mais par l'impulsion juste et fluide de la vie en ton cœur pur, emplissant l'évidence de l'amour dans tout ton être ! Tu transpirerais l'amour par les pores de ta peau, le diffuserais au son de ta voix, à la lumière de tes yeux, à la chaleur de tes mains. Tu colorerais alors ton monde avec les douces

couleurs de ton cœur où est niché le joyau de la création, l'étincelle divine où tout commence et tout finit.

43.   Oser le nouveau

Ta Divinité te fait avoir le choix !
Ouvre toi à l'univers du champ des possibles pour encore plus de choix, de possibilités de création.
Ne te restreins pas à ce que tu connais ! Plus il y a d'ouverture au nouveau, à la différence, plus il y a de l'amour diffusé.
Ce sont les peurs, ennemies de l'amour qui te bloquent.
Sois curieux de découvrir, tu vas ainsi te découvrir !
Comment peux-tu savoir tes préférences si tu ne goûtes pas ?
Comment connaître tes capacités si tu ne les expérimentes pas ?
Comment voir ce qui reste dans l'ombre ?
Ton pouvoir est infini, à condition d'oser le tester, le déployer dans ce pour quoi tu es fait !
Se restreindre est un choix ! Mais si jamais tu as le sentiment d'être engoncé dans un habit trop petit pour toi, alors change de vêtement !
Cesse de te contenter de ramasser les miettes de pain alors que tu peux être le cultivateur du champ !
Es si tu commençais par manger ton dessert ? Peut-être cesserais tu de te forcer à manger ce que tu n'aimes pas juste parce que tu as faim !

44. Rejet

Le rejeté se rejette.
Il va se créer toutes les circonstances dans sa vie pour vivre le rejet et se conforter dans l'idée qu'il est rejeté par les autres, se persuadant qu'il ne peut pas être compris et aimé. Il finira par s'emmurer dans une très grande solitude s'il refuse d'aller tout au fond de cette douloureuse blessure existentielle.
Vivre pleinement le rejet pour transcender cette blessure ne veut pas dire aller au clash tout le temps pour le provoquer. Vivre le rejet c'est accepter la douleur de ne pas être aimé par l'autre. Tu peux aimer quelqu'un qui ne t'aime pas sans chercher coûte que coûte à lui plaire pour te faire aimer et sans lui en vouloir de ne pas t'aimer en retour.
Aimer c'est respecter l'autre en l'acceptant tel qu'il est dans son intégrité, avec ses choix et préférences. L'amour est un don gratuit, non une monnaie d'échange.
En acceptant le fait que ma couleur unique n'est pas humainement compatible avec toutes les autres couleurs, je cesse de vouloir harmoniser ce qui n'est pas mariable.
Même si nous sommes tous faits du même bois dans l'absolu, certaines combinaisons ne fonctionneront jamais dans la mesure où nous sommes des humains dotés d'ouvertures de cœurs variées, de divers niveaux de conscience, de qualités différentes et d'un libre arbitre, nous permettant d'être tous différents dans notre incarnation.
Transcender sa blessure de rejet permet de s'entourer de personnes qui nous correspondent, avec qui il est possible d'être soi sans avoir peur d'être jugé.
C'est cesser de vouloir plaire à tout le monde. Je ne suis pas venu jouer au Caméléon en copiant ou en m'adaptant partout.

C'est aussi cesser d'attendre que l'autre réponde à mes attentes en espérant qu'il change. C'est l'accepter tel qu'il est tout en me respectant.

Je suis venu jouer à l'humain unique dans ses spécificités, en apprenant à les déployer pleinement pour en jouir et créer de belles œuvres, fruits uniques d'amour de la vie.

Il existe de nombreuses blessures qui font mal. Pour savoir laquelle tu vis et pour t'en libérer, il te suffit d'aller au cœur de ce qui te fait mal aujourd'hui en toute honnêteté et en observant ce qui se passe dans ta vie et ce qu'il te manque.

Il te faut aussi renouer avec le petit enfant en toi pour qu'il se confie et pour que l'entendes courageusement en lui pardonnant de s'être tu, en te pardonnant de l'avoir renié et mis de côté.

Quelles sont les situations que tu vis de manière récurrente ?
De quoi te prives tu pour éviter de vivre la douleur ?

45. Médiumnité

Un médium c'est quelqu'un qui capte et transmet des informations invisibles, nous le sommes tous.
Nous sommes tous des récepteurs, transmetteurs par défaut. Chacun transmet selon sa sensibilité propre, sa faculté d'abandon à l'être, son degré de présence, de conscience

Vois-toi en vérité, telle que tu es en t'acceptant pleinement pour déployer tes vrais talents, les offrir au monde et vivre l'abondance.

Ose enfin être pleinement qui tu es, en n'ayant plus peur de l'extérieur, en osant t'affirmer et te montrer telle que tu es.

Une interprétation n'étant qu'un point de vue, il existe autant de points de vues que d'êtres humains. Ce sont tes jugements et interprétations qui te donnent l'impression d'être illégitime.

Chaque médium étant canal d'information selon sa sensibilité propre, tu es légitime dans ce que tu captes, à toi de rendre le canal le plus neutre possible pour ne pas déformer le message. A toi de créer le cadre pour qu'il soit accueilli librement.
Tu es le facteur qui donne le courrier, tu n'as ni à le lire, ni à le réécrire !
Sa lecture et sa compréhension appartiennent uniquement au destinataire, laisse lui l'usage de son plein pouvoir, tout comme tu gardes le tien en gardant la posture juste.

46. Blocage du passé

J'ai la perception que c'était mieux avant. Je reste attaché à mon passé et cela me bloque pour avancer et prendre des décisions qui sont bonnes pour moi.
Tu t'attaches à la souffrance car c'est tout ce que tu connais.
On t'a appris que souffrir était signe de courage.
Le bonheur est un Graal que seule une élite de méritants peuvent atteindre et dont tu n'es pas digne.
Tu t'identifies à cette souffrance sans laquelle tu n'existes pas.
Tu idéalises cette histoire passée dont tu n'acceptes pas la fin. Tu as juré fidélité à cet autre dont tu refuses d'accepter les blessures qui ne sont pas les tiennes.
Lorsque tu auras fait le choix d'accepter la fin de cette relation ou de cette situation qui ne te nourrit plus si ce n'est de remords, de regrets, de culpabilité, d'incompréhensions, de tristesse, de colère, de rancœurs... tu libéreras enfin cette part de toi prête à aller de l'avant, en vérité.
Ce que tu n'acceptes pas de tes relations passées va conditionner tes comportements futurs.

L'expérience de l'Amour

Pour envisager une relation amoureuse pérenne, il est nécessaire d'aller voir ce qui n'est pas pleinement accepté d'une relation passée. Tu empêches l'amour de passer dans ce que tu refuses d'accepter et dont tu te considères victime. L'amour inconditionnel est l'amour responsable.

Accepte l'autre sans vouloir le changer en le manipulant. Accepte de voir que l'autre ne t'appartient pas et respecte toi en acceptant la situation avec résilience en posant de la conscience là où tu ne t'es pas aimé. Ce qui est différent de ce que veut ton personnage.

En ressassant le passé indéfiniment, tu fais le choix de rester loyal à un événement passé comme si tu avais fait un pacte de fidélité que tu trahirais dans le cachot des oublis si tu en construisais un autre meilleur. Tu t'attaches à la nostalgie d'un passé révolu, t'empêchant d'être heureux aujourd'hui.

Tu t'appropries des scènes de ton passé comme étant des parts de toi que tu maintiens en vie coûte que coûte sous peine de manque si tu les cèdes en les dissociant de toi.

Tu crois que tu n'es pas capable d'être heureux à nouveau car tu n'as pas conscience de ton pouvoir créateur.

Le bonheur ne peut être vécu que dans l'abandon au présent où coule l'essence de la vie. Il ne peut être possédé, il se vit.

L'égo qui cherche constamment à s'attacher, à avoir, pour exister est en fait une construction qui n'existe pas dans l'instant présent et qui souffre de se voir disparaître dans la magie du moment.

Il est une entité invisible à dompter comme un animal sauvage, avec tact, attention et délicatesse et qui a sa raison d'être selon la volonté divine.

L'harmonie est un juste équilibre à trouver dans l'imbriquement parfait de toutes les parts qui te composent à la lumière de l'amour.

C'est croire en qui tu es en tant qu'être humain incarné avec la conscience que ce qui t'anime est bien plus grand.
C'est croire en qui tu es, en tes capacités infinies dans l'étroitesse et la lourdeur des limites qui te composent.
C'est sauter du haut d'un pont avec la résilience à la souffrance et la plus haute conviction d'être rattrapé en bas.
A toi d'apprendre à te soumettre à la foi avec ce qui t'est offert de vivre, non plus d'éviter de vivre par peur d'avoir mal.
La souffrance est la boussole qui te permet de te réorienter constamment vers un chemin de paix, à condition de la vivre pleinement pour la transcender et non de prendre des chemins de traverse pour la voir de loin.
Il s'agit d'enfin accepter de perdre le contrôle pour libérer une part souffrante de toi et gagner une dose d'amour sans raison, sans certitudes.
Appelle avec force et conviction la plus haute partie de toi à te venir en aide, et laisses toi bercer dans les bras de Mère divine nature qui répond à chacune des larmes versées de ses enfants.
La vie ne fait que répondre à ce que tu dégages, elle ne ment jamais. Tu es l'unique responsable de ta vie, même si tu l'as oublié. L'oublie fait partie du jeu.
Les effets qu'une relation humaine aura dans ta vie sera à la mesure du degré de conscience pour laquelle tu l'auras choisie.

xxxx

Ce que je n'accepte pas de mes relations passées va conditionner mes relations futures.
Accepter dans le sens "lâcher ses exigences de contrôle", accepter son impuissance sur l'autre. Cesser de vouloir qu'il

réponde à mes exigences mais apprendre à prendre soin de moi selon mes exigences propres.

Prendre l'autre comme il est et je le choisis car il me convient, sinon j'accepte de voir qu'il n'est pas pour moi et je me respecte en refusant de faire des concessions, même s'il ne l'accepte pas.

Accepter de voir que cette relation était pour répondre à ce manque d'amour que je me portais.

Si je l'accepte, mes prochaines relations ne répondrons non plus au manque mais au besoin d'amour.

Ce que je n'accepte pas c'est une part de souffrance que je maintiens vivante en moi et qui va se réactiver par de la colère, de la tristesse, des jeux de manipulation, de fuite à chaque fois que cela sera ravivé. La vie n'aura de cesse de répondre au besoin de transcendance, de guérison en me l'amenant encore et encore sur un plateau d'argent pour que cela soit mis en lumière et vu une bonne fois pour toutes et ne plus conditionner mes comportements.

L'amour répond au besoin de s'accomplir, et cela est parfois douloureux et nécessite beaucoup de courage.

47. Ombre

La bête de l'ombre,
Héritage familial choisi parmi le panel de couleurs que mon âme est venue incarner.

La base de ce qui m'a construite durant mon enfance a instauré en moi un fort manque de sécurité.

La faculté que j'ai acquise à me connecter à mon âme me permets la plupart du temps de transcender cela et de maintenir un naturel bien-être.

Je trouve ainsi un équilibre me permettant d'évoluer sans trop souffrir de cette insécurité car la sécurité je la trouve en moi grâce à ma foi en la vie et ma connexion au cœur. Bien que cela reste encore parfois un handicap sous-jacent dans l'action.

A certains moments, sans doute lors d'un événement me faisant revivre le sentiment fort de cette insécurité, la divine connexion étant ébranlée par l'abaissement vibratoire, je me retrouve en état de vulnérabilité et toutes mes certitudes volent en éclats me ramenant à ma petitesse d'être humain qui se rabaisse, se sous-estime et se déteste.

Ces instants plus qu'inconfortables sont l'occasion pour moi de libérer un amas de scories émotionnelles.

J'ai compris qu'il était plus qu'indispensable dans ces moments-là de faire preuve d'une grande sagesse en évitant de prendre d'importantes décisions, mon mental enclenchant tout un tas de stratagèmes et de mensonges pour me saboter. Je deviens alors comme mon propre ennemi, une proie facile pour la bête dont la barrière d'agissement s'amincit.

En réalité ce n'est pas moi mais la réactivation d'un programme en moi qui se réveille à l'occasion d'une baisse d'énergie.

Certains l'appellent entité. Elle tente de s'emparer de moi et si je me laisse faire en toute humilité, elle viendra laver mon corps d'impuretés, rééquilibrant le courant énergétique de chacun. Dans le cas contraire, si je résiste en la laissant me posséder cette bête s'emparera de moi, déclenchant autosabotage et automanipulation.

Cette bête est un très puissant programme faisant partie de ma construction, venue pour me détruire.

Lorsque je la reconnais chez d'autres, cela me répulse, tout en étant emplie de compassion pour son hôte.

Même si je m'en débarrasse, je resterai une potentielle terre d'accueil pour elle tant que je vacillerai dans l'énergie.

La stabilité dans le bien-être demandant l'ajustement fragile d'un équilibre permanent.

Maintenir un taux vibratoire haut appelle une telle discipline après un éveil spirituel que cela nécessite parfois une lessive énergétique libératrice régulière afin de rendre petit à petit cela constant, naturel et libre de toute forme de dépendance. Cette bête se déploie dans l'ombre lorsque la fréquence le permet et se soumet lorsqu'elle est vue et démasquée.

La connaissance de son existence permet de la reconnaître et sa familiarité d'avoir le pouvoir sur elle pour la répulser avec aisance.

C'est une énergie vraiment hideuse telle une bête féroce et affamée mais bien domptable car elle n'agit que dans l'ombre, elle vient s'accrocher à l'intérieur des corps subtils, voir physique. Elle disparaît immédiatement à la lumière de l'amour.

Tout peut être vu sous les rayons de ce puissant projecteur, ainsi sa noirceur disparaît, rendant cette énergie inactive et impuissante. L'amour guérit, il est LE remède, l'arme pour voir disparaître toutes les méchantes bêtes, quel que soit sa forme, sa couleur, son odeur.

Chacun de nous est l'hôte de vilaines bêtes, apprenez à les (re)connaître pour ne pas qu'elles vous détruisent en vous empêchant d'être qui vous êtes réellement ! Elles ont un méchant goût de culpabilité, victimisation, manque de confiance sous-estime de soi, sacrifice, tristesse, manque de motivation, fatigue, douleurs, isolement, peurs, rancœurs, fuite……

Pour votre bien et celui de vos proches, prenez grand soin de vous, de votre énergie en cultivant la joie, la légèreté, le bien-être sous toutes ses formes. Construisez-vous un environnement bienveillant qui vous accueille tel que vous êtes. Autorisez-vous à être vous avant tout ! Et si vous ne savez pas qui vous êtes et comment faire pour le savoir, posez l'intention claire de le vouloir, demandez de l'aide !

xxxx

Au plus tu t'approches de la lumière, au plus l'ombre s'affole !
La lumière dénonce le faux, le mensonge, la manipulation, juste par sa présence.
La lumière brille, elle agit sans bruit, elle est juste par nature.
La lumière est !
Cesse de te cacher, ton rôle est d'exister, c'est ta mission.
Existe !

48.   Présence

Il n'y a que dans le présent qu'il est possible d'aimer,
Il n'y a qu'en étant présent que tu peux aimer.
Sois là pour toi maintenant.
Ta présence à l'autre révèle ta présence à toi.
Es-tu là ?

49.   Pouvoir de la joie

L'harmonie se trouve lorsque tu es en joie !
Accueille-la dès qu'elle se présente et remercie-toi de t'accorder ces instants légers et doux ou tu t'autorises à être pleinement toi. L'équilibre est ici, dans la joie que tu ressens.
Donne toi rendez-vous dans cet espace dont le moyen de s'y rendre est unique et différent des autres.
Et lorsque tu trouveras une personne qui prendra le même chemin que toi, alors vous vous y rendrez ensemble main

dans la main, le cœur brûlant par l'intensité des retrouvailles tant espérées !

xxxx

Lorsque je suis en paix et en joie, je suis vrai, libre et présent dans mon corps.
La souffrance est le garde-fou qui me prévient de mon éloignement à moi-même, elle me rappelle.
Je résiste à ma nature profonde lorsque j'ordonne à mon corps d'instaurer une stratégie pour ne pas avoir à la ressentir. La résistance est une fuite de mon existence.
Lorsque tu te choisis, tu es un cadeau de vérité pour le monde.

xxxx

Joie de l'enfant
Présence est là, c'est la joie de l'enfant,
L'enfant léger, l'enfant qui joue, celui qui accueille tout.
L'enfant curieux qui n'attend rien, il se laisse porter par ses parents en qui il a confiance.
Joie de l'enfant un matin de Noël, joie de l'enfant qui reçoit un câlin d'une figure aimante.
Joie de l'enfant qui sort à la récré, fait du manège, mange son goûter.
Épanouissement de l'enfant libre.
Joie de l'enfant ! Il refait le monde avec rien, avec des cailloux, sur son vélo, avec des couleurs, avec des rires, avec des guilis.
Il refait le monde avec ses copains.
Joie de l'enfant qui ne se soucie guère des préoccupations d'adulte mais qui se contente des plaisirs simples.

L'expérience de l'Amour

Pour se sentir en sécurité l'enfant à besoin d'amour il a besoin que ses parents lui fassent confiance, qu'ils s'abandonnent à lui entièrement.
Mon enfant je te vois, je t'accueille, je te fais confiance.
Mon enfant je te connais, je sais que tu existes, je sais qui tu es. Pardonne-moi de t'avoir renié, oublié.
Maintenant je te laisse te déployer, je t'accueille et te donne toute la place dont tu as besoin pour exister à travers moi.
Ainsi j'existerai grâce à toi.
L'enfant occupe la place que son parent lui donne, ni plus, ni moins.
Mon enfant, je suis blessé et j'ai beaucoup manqué, j'ai fait comme j'ai pu pour m'adapter dans un monde limité de paradoxes, dans un monde au modèle des apparences.
Mon enfant je sais que tu existes, je ne t'ai pas oublié.
J'ai préféré te cacher parce que je ne m'aimais pas assez. Je ne me sentais pas digne de te recevoir.
Pardonne-moi, je me suis égaré.
En cet instant je fais le choix de t'accepter tout entier(e), je t'accueille, je t'accompagne, je te protège.
Je m'abandonne à toi pour que tu puisses venir à moi.
Je t'aime infiniment.
Maintenant jouons.
Merci maman, merci papa moi je veux juste ton attention, je veux jouer avec toi !
Laisse-moi exister avec ma folie, soyons fous ensemble, ce n'est qu'un jeu !
Et tu verras les autres venir jouer avec nous !
Nous sommes tous avant tout cet enfant spontané qui a enfilé le masque sérieux de l'adulte. Trouvons un juste équilibre afin que l'adulte protège et sécurise l'enfant en lui afin qu'il puisse s'épanouir de sa couleur pour créer le monde

à son image. Un juste partenariat dans lequel chacun a sa place.
L'enfant c'est l'être, le parent qui vous croyez être.

xxxx

Donne sans compter ce que tu aimerais recevoir !
Tu veux un monde vrai et joyeux ?
Donne toi entier(e), donne de la joie !

xxxx

Je suis connectée à mon âme à chaque fois que j'ai le cœur en joie !
Qu'est-ce qui me permet le plus d'avoir la joie au cœur et surtout de la garder ?
Pour moi c'est le partage dans les relations humaines, et toi ?

50. Refus du bonheur

Joie de voir heureux les gens que j'aime !
Pourquoi est-ce si difficile pour certains de voir les gens heureux ?
Cela leur renvoie en pleine figure le reflet de leur incapacité à atteindre ce bonheur qu'ils se refusent pour de multiples raisons choisies inconsciemment.
Ce trou béant encore plus grand suite à la déception des attentes inassouvies, à la perte du bonheur posé uniquement à l'extérieur. L'autre ce méchant coupable de mon malheur !
Chacun est l'unique responsable de son malheur, de son bonheur.
Ma vie extérieure est le reflet de mon état intérieur.

Prends le plus grand soin de ton état intérieur, tu es ta priorité ! prends soin de toi pour être heureux !
Apprends à vivre intelligemment, en conscience !

51. Dépendance

La dépendance affective
Je suis dépendant affectif lorsque je crois que je ne peux pas vivre sans me passer de l'approbation de quelqu'un.
Je pose ma valeur sur cet autre dont je vais avoir besoin de l'aval dans tout ce que je fais, quitte à soumettre ma vraie nature selon son bon vouloir.
Elle prend sa source dès ma petite enfance, lorsque je suis modelé selon l'exigence parentale. Quand je n'ai pas l'espace d'amour suffisant pour me déployer tel que je suis, je vais m'animer en fonction de ce que l'on attend de moi pour « mendier » des signes d'affection, faire plaisir, ne pas fâcher l'adulte, ou juste attirer son attention.
L'incertitude face à l'attente posée va faire naître un grand manque de confiance et une instabilité dans ma construction.
Le dépendant affectif a une grande capacité d'adaptation. La faculté qu'il a acquise dès sa petite enfance à lire en l'autre pour adapter son comportement selon ses attentes propres et quémander de l'affection a fait naître en lui une posture permanente d'acteur fictif doué dans l'art de la manipulation. Et ce au point de se fatiguer à l'idée même de relationner et devoir faire l'effort de faire semblant, endosser le stratège.
C'est une vraie source de mal être profond car il déploie énormément d'énergie pour ne pas se montrer tel qu'il est. Créant tout autour de lui un faux décor, de faux amis, une fausse relation amoureuse.
Le dépendant affectif a une peur terrible de se retrouver seul car il a toujours besoin de se sentir exister à travers l'autre,

au point de vouloir le posséder ou allant parfois jusqu'à multiplier les expériences relationnelles à l'infini.

En réalité il n'existe pas dans son propre regard. Il ne se sent pas exister pour ce qu'il est.

Cela traduit un manque d'amour propre très profond et c'est ce qu'il est venu guérir.

Le dépendant affectif pour guérir a besoin avant tout de se créer un espace de liberté, même minime au départ pour pouvoir discerner ses propres pensées des pensées des autres. Il a besoin également de beaucoup d'amour car tout est prétexte à être jugé. Il y a jugement là où il y a mécompréhension, manque d'amour.

Avec le regard clair de l'amour, tout est vu avec compassion, point de jugement.

Le dépendant affectif aura tendance à s'attacher à l'autre avec la peur viscérale de le perdre. Il s'attachera à cet autre qui lui donnera ce qu'il n'a pas trouvé en lui. C'est l'enfant qui aura manqué d'affection, n'aura pas su se construire sur des bases solides. Au lieu de passer toute son énergie pour déployer sa vraie nature en sécurité comblé d'affection naturellement, il l'aura déployé pour en quémander et se construire autour de ce principe. Cela sera sa tendance comportementale toute sa vie s'il ne se remet pas en question.

Il croit que l'autre vient combler ce manque car il a cru que l'amour était une monnaie d'échange face à un certain comportement, une récompense. Cela peut prendre différentes formes d'attention attendues en fonction de ce qui a été vécu dans l'enfance : Allant des gestes de tendresse à de la violence, voir de l'indifférence, des miettes d'attention...

L'amour n'est pas une construction il EST.

Il n'attend rien, il est gratuit, il se donne sans conditions.

Il est primordial pour le dépendant affectif qu'il aille toucher à l'amour qu'il a en lui naturellement en se découvrant. En allant chercher là où il trouve du plaisir.

Ce n'est pas à l'autre de venir combler ce manque mais c'est à lui de venir toucher la complétude de son être.

Pour se découvrir complet, il est essentiel de se détacher du passé. Ce qui est fait est fait ! Il n'y a pas de loyauté à avoir envers des principes souffrants. Vous n'êtes pas la souffrance, inutile de vous y identifier, cela ne fait qu'appuyer le manque de volonté d'en sortir. Il est indispensable d'accepter et de faire la paix avec son passé.

Si vous croyez que vous n'êtes pas suffisant, pas assez, alors toute votre vie vous créerez des relations qui vont répondre à cette croyance.

Poser de l'attention sur vos émotions aidera à vous comprendre pour voir ce qui se joue. Lorsqu'une émotion émerge : À quoi pensiez-vous à ce moment-là pour qu'elle surgisse ? quel est le schéma derrière cette émotion ?

Avoir la compréhension de ce qui se joue en vérité vous aidera à guérir de cet attachement.

Cessez d'ignorer vos émotions, elles sont là pour vous enseigner quelque chose sur vous. Et non ce n'est pas la faute de l'autre, c'est vous qui les ressentez, elles sont là pour vous.

La dépendance affective fait énormément souffrir car elle est exigeante d'attentes incessantes envers l'autre pour avoir de la satisfaction. C'est une musique qui se joue indéfiniment car c'est une histoire d'égo qui a besoin de se nourrir indéfiniment.

L'autre ne pourra répondre à toutes vos attentes, ce qui vous fera souffrir de déception et d'insatisfaction.

Toutes les rencontres que vous faites sont là pour vous élever à un niveau de conscience supérieure.

Il est déstabilisant pour un dépendant affectif de relationner avec quelqu'un qui s'aime et avec qui il n'a pas d'effort à faire pour être vu.
Le cœur lui n'attend rien, il est la satisfaction, la joie, la complétude, l'entièreté, le bonheur, la paix.
L'amour de soi est la guérison ultime.

52.   Acceptation

J'accepte mes capacités infinies, je suis ce en quoi je crois.
J'accepte le jugement extérieur, il ne me concerne pas.
J'accepte la beauté de l'être que je suis, je suis le fruit de l'amour, de la vie.
J'accepte d'être différente de ce que l'on attend de moi, je suis une femme brillant d'une couleur unique. Je ne serai jamais un chameau, même si je me déguise pour y paraître et je n'aurai jamais la force de porter du monde sur mon dos.
J'accepte les abus, les injustices, les mensonges, le non amour dévastateur, la souffrance, je les dénonce.
J'accepte de ne pas être aimée, chacun ses choix, ses préférences, son unicité, ses blessures.
J'accepte mes peurs, mes douleurs, mes incapacités, mes limites, elles pointent la direction de mes parts d'ombre à dénoncer.
J'accepte les faits tels qu'ils sont, et non comme j'aimerais qu'ils soient.
J'accepte de me laisser traverser par la vie sans vouloir la contrôler.
J'accepte le libre arbitre de tous et mon impuissance sur les choix des autres.
J'accepte l'impermanence.

J'accepte l'expression de toutes mes émotions, grâce à elles je suis vivante.

J'accepte d'honorer qui je suis sans retenue, c'est ce qui me permet de diffuser l'amour.

J'accepte d'être ma priorité, j'offre ainsi au monde une version pure et authentique de moi.

J'accepte d'aimer et d'être aimée sans limites c'est ainsi que la magie agit.

J'accepte d'être libre pour accueillir le nouveau dans ma vie.

J'accueille le nouveau avec curiosité, joie et excitation.

53. Empathie

L'empathie est un don pour équilibrer le monde d'amour.

L'empathe qui se laisse traverser par la souffrance des autres sans se l'accaparer en favorise sa libération pour permettre à l'amour de s'y installer.

L'empathe qui ouvre son cœur est un puissant outil de guérison.

54. Femme sacrée

La femme sacrée souveraine est présente en chacune !
C'est la femme qui ne répond plus aux blessures du passé mais construit sa vie selon sa nature profonde de femme puissante, aimante, intuitive, créative, sensible et douce.

Elle se connaît en vérité, se plaît, s'assume et ne répond plus qu'à ses propres désirs selon qui elle est, offrant d'elle au monde une version de confiance, vraie et authentique.

Elle ose se mettre en action en connectant la force de vie dans ses tripes.

Elle respecte fermement ses limites et son autorité.
Son intelligence émotionnelle lui permet de vivre son empathie avec douceur, sans la subir.
Elle déploie et manifeste sans retenue sa sensibilité en sachant construire des relations équilibrées en adéquation avec qui elle est.

xxxx

Je suis reine dans mon royaume.
Oui ce temple que j'ai créé de toutes pièces. Un joyau poli par la vie, par mon âme. C'est le sacré cœur de l'amour qui bat en moi.

Je me suis laissée distraire par amour, par amour je me suis laissée abusée, manipulée. J'ai été soumise pour être l'instrument de la vie, afin que les autres testent leur pouvoir. C'est juste. J'ai fait ce choix-là.
J'ai fait le choix de croire que les autres avaient besoin de moi, j'ai fait le choix de m'adapter en toutes circonstances, j'ai fait le choix de réagir en fonction de ce qu'ils attendaient de moi, pour leur être utile.
J'ai fait le choix de répondre à leur ego en pensant atteindre leur âme. Parce-que je crois, c'est ce qu'on m'a fait comprendre, que l'amour se mérite.

J'ai besoin de comprendre aujourd'hui qu'un ego est impossible à satisfaire, c'est ainsi. L'ego c'est cette partie de moi qui est blessée, qui souffre et qui vit à travers cela si elle est dominante en moi. En alimentant de manière incessante la part blessée de l'autre alors je serai soumise à jamais à être qui je ne suis pas.

L'expérience de l'Amour

Aujourd'hui je baisse les armes et m'avoue vaincue de cette part souffrante que je ne veux plus nourrir. C'est la part soumise, dominée, blessée, violentée, abusée, moquée, manipulée qui répond aux manques et blessures des autres.
J'ai cru inconsciemment, que je devais réagir en conséquence de ce qu'attendait l'autre de moi.

Je déclare maintenant être en capacité de voir et de dénoncer tous les programmes qui répondent au petit personnage que je crois être.
Oui ce petit personnage existe, je suis ce petit personnage mais je ne suis pas que ce petit personnage. Prénoms...
Mon âme, en s'incarnant, à travers moi, joue à être moi. C'est un jeu, c'est une blague.
Chaque instant de souffrance vécue est là pour que je me soumettre au tout puissant pour me montrer mes limites, ma petitesse, les limites de mon personnage, qui je crois être.

Conscience en mon cœur, je suis le tout puissant, la toute puissante. Ce que je suis en réalité ne pense pas, ce n'est pas un concept. Ce que je suis se ressent, se vit à travers ce corps. En vrai je suis dans tes tripes, je suis là dans tes larmes, dans tes vibrations, dans tes rires, dans tout ce qui s'exprime de toi à l'instant T. Je ressens dans mon plexus solaire la force de qui je suis maintenant. J'incarne tous mes ancêtres et je les libère de toutes leurs blessures, leurs traumas. Ils ne m'appartiennent pas, je les laisse se déposer dans le creuset de mon cœur pour les transformer dans la lumière de l'amour.

Je suis incarnée dans ce corps de femme.
J'existe, j'existe, j'existe.

Je ne suis pas mes pensées. Je suis la créatrice de ma vie. A partir d'aujourd'hui, je fais des choix pour répondre à la vie que je suis.
Mes décisions je les prends à partir de mon cœur. Dans l'équilibre de qui je suis et de ce qui m'anime. Je réponds aux événements, aux personnes en fonction de ce que JE veux car j'existe. Ce ne sont plus les autres qui existent à travers moi.
J'existe car je suis. J'ai le droit d'exister. Je pleure, si j'en ai envie, j'exprime mes besoins, j'ose agir en fonction de ce que je veux. J'ose dire non, j'ose dire oui, je vais droit au but. Je n'ai plus besoin de détours ou de suggestions pour m'exprimer. Je cesse d'attendre des autres qu'ils me comprennent s'ils ne sont pas en mesure de le faire. Je dis clairement ce que j'ai sur le cœur.

Je suis là femme sacrée souveraine, mon corps est mon temple, ma vie est mon royaume.
Je suis l'unique gardienne et responsable de mon corps, je prends soin de moi.
J'ai tout le pouvoir sur ma vie.
Je crée ma vie de rêve.
La femme sacrée que je suis accepte tout, elle accueille. Cela ne veut pas dire dire oui à tout mais accepter mes blessures et celles des autres en ajustant mon positionnement en fonction de qui je suis.
J'accepte de voir à quel point je me suis maltraitée, dévalorisée.
Et c'est ok, je vis la tristesse, je vis la colère, je vis la haine, je vis la culpabilité je vis la joie.
Je ne suis pas là pour être aimée de tous.

L'expérience de l'Amour

A partir d'aujourd'hui je regarde et je vois. Je dénonce et refuse tout ce que je ne veux plus voir dans ma vie. Je dis stop, je dis non.

Et je laisse entrer dans ma vie tout ce qui est bon pour moi, afin d'offrir au monde la meilleure version de moi-même.

La femme sacrée souveraine que je suis pose désormais ses limites, son autorité.
Elle assume pleinement sa sensibilité.
Elle ose se montrer entière, sensible et vivante dans sa vulnérabilité et c'est ok. Cela ne fait pas d'elle une proie pour les vautours, bien au contraire, sa meilleure défense c'est la sécurité qu'elle trouve en elle dans son cœur car elle assume tout.

Elle ne répond désormais plus aux peurs au travers d'une carapace qui l'anesthésie de tout, de la vie.

Quand j'aime, j'accepte tout.
Quand j'aime, je respecte.
Quand j'aime je sais que je ne suis pas responsable des autres mais l'unique responsable de moi et comment je me positionne dans la vie.

Je suis la femme sacrée souveraine, je suis belle, douce, sensible, je me respecte.
Je suis là femme sacrée souveraine et j'accepte de voir avec douceur les fausses notes dans ma vie, celles qui sonnent faux ou qui sont devenues obsolètes.
Je suis là femme sacrée souveraine et je me libère de tout ce qui entrave ma vérité.
Je suis là femme sacrée souveraine et je crée ma vie de rêve.

Je suis là femme sacrée et je suis la reine dans mon royaume
Je suis là femme sacrée et je suis un cadeau pour le monde, pour les gens qui m'entourent. Je suis un soleil venu briller de ma plus belle lumière unique et singulière.
Je m'aime telle que suis et je rayonne.

Je libère dans la lumière toute forme d'emprise psychique, physique et énergétique et je reprends mon pouvoir de femme sacrée.

Je m'aime telle que je suis et je rayonne.

55.   Sécurité

En sécurité
La plus grande protection c'est la sécurité que je trouve en moi, dans la connexion avec mon cœur.
Le matériel étant éphémère, celui qui compte sur l'extérieur pour se sécuriser n'obtiendra qu'une sécurité temporaire.
Avec le risque de tomber avec l'objet de son dévouement.
Je peux user de l'extérieur en créant un environnement propice à maintenir ma connexion au cœur. Ainsi chaque fausse note de ma vie dénotera immédiatement par son incohérence me permettant d'ajuster à chaque instant mon positionnement envers celles qui ne s'accordent pas ou plus.
Ainsi, par la confiance que je me porte, je n'ai plus besoin de savoir où je vais, j'y vais et je sais que c'est le chemin.
La fréquence de l'amour me rend responsable de ce que je créée et tout est bon car j'apprends de tout. Par amour, je sais ce dont j'ai besoin. La fréquence de l'amour est l'unique sécurité.

Je crée mon environnement par amour et non plus pour que l'on m'aime.

Je suis en sécurité car je m'aime, je n'attends plus l'amour et l'attention des autres pour être en sécurité.

56. Se respecter, se choisir par amour

J'existe
Quand je suis là en sacrifice pour les autres, je suis absente et je souffre dans le mensonge et le déni. C'est là que je m'offre, au service de l'autre tel un objet utile, périssable et abusé.

Engrammée de colère de l'injustice et de la honte.

Lorsque je suis là pour moi je peux être là pour les autres, servant la vie par ma présence. Je suis libre et je libère les autres par ce que j'offre de moi, qui m'a été donné de plein droit.

Le droit de vivre, d'être qui je suis.

Infâme souffrance des méritants !

Si je crois qu'abondance égal sacrifice alors je me suicide en pensant que je n'ai pas le droit à l'abondance par ce que je suis. Je crois que je suis insuffisante et que je ne mérite pas de recevoir par le simple fait d'être qui je suis. C'est une croyance de mon enfance, de la société qui fait des êtres humains des esclaves maintenus en otage par la peur du manque et de mourir, jugée coupable d'égoïsme.

Peur de manquer d'amour.... Fausse croyance que l'amour ne peut être donné qu'au mérite.

Les coupables du désamour de soi sont pourtant ceux qui maintiennent l'amour en otage comme monnaie d'échange.

L'expérience de l'Amour

Il est enseigné aux enfants d'être de gentils soldats devant subir l'autorité par obéissance pour être aimés. Cela n'en fera que des adultes en recherche constante de reconnaissance, encore et encore.

Et si l'hypocrite politesse ne servait qu'à sauver des apparences trompeuses et mensongères, nourrissant un système de soumission, obligeant les enfants à donner de leur corps contre leur volonté ! Baiser volé sans consentement... prémices d'un enrôlement conditionné, évitant ainsi le grondement de l'adulte, lui-même matricié à se donner sans consentement par habitude. Inconsciemment, naturellement, comme il respire !

Aujourd'hui, je consens que l'abondance découle de ce que je suis.

En acceptant d'exister dans le respect de mon humanité, j'accepte de recevoir la lumière de l'amour sans retenue, carburant créateur de ce monde dont je suis le canal de transmission.

En acceptant de me nourrir, je permets à d'autres de se nourrir, de transmettre la Vie.

Prends soin de toi car au plus tu jouis de ton existence, au plus la qualité de ton canal laisse passer la lumière abondamment.

Non pour nourrir un petit personnage nombrilisme mais bien pour servir l'humanité !

Que ce qui a besoin de passer à travers moi pour diffuser encore plus de lumière, passe !

Que celui qui accepte de voir, accueil la lumière !

De l'amour que je me porte parce que je suis suffisante découle l'abondance.

Ainsi soit-il !

xxxx

L'expérience de l'Amour

Étranger en son foyer ?
En fait nous sommes tous étrangers les uns pour les autres, surtout lorsque l'écart de vibration est fort.
Il y a certains accords qui ne s'entendront jamais tellement ils dissonent par leur éloignement. Et plus on tente de les accorder, plus c'est moche tellement le désaccord est évident. Pour que la mélodie soit entendable s'ils sont réunis, soit une partie doit s'effacer, soit elle doit faire semblant de jouer un accord qui n'est pas elle, au risque que cela sonne faux.
Mieux vaut parfois accepter de se détacher d'une fausse compagnie, briser un faux pacte de loyauté basé sur des principes pour jouer seul, fort et juste, et pouvoir se déployer vraiment en vérité, ainsi d'autres viendront s'harmoniser pour une belle symphonie juste, simple et parfaite.
L'amour est gratuit, il n'y a rien à faire pour aimer et être aimé. Il y a juste à être. Cesse de mendier de l'amour, c'est ton droit naturel le plus noble.
Ne rien attendre, observer, discerner et tout accueillir, le pire pour le meilleur, toucher les fausses notes pour pouvoir soit mieux s'accorder en changeant ses vibrations soit ajuster sa position pour se respecter, et pour la plus belle des mélodies !
Accepte de perdre pour pouvoir gagner.
Perdre quoi ? .....

xxxx

La vie m'amène sur un plateau de quoi manger,
A moi d'ouvrir la bouche !
Avant de me questionner : Ai-je faim ? Vais-je aimer ? Ai-je le droit ? Est-ce que je le mérite ? Puis-je manipuler l'autre

par ce choix ? Ce choix va-t-il me placer dans la société ? Va-t-on m'aimer si j'accepte ? Est-ce bon pour moi ? Vais-je mourir si je mange ça ?

La vie me couvre de tout ce dont j'ai besoin, au meilleur moment. Si je ne goûte pas, je ne sais pas.

Mais est-ce que je sais si je sais si je dois y goûter ?

L'arbre boit quand il pleut,

Il se nourrit de son environnement, du soleil,

Ses racines grandissent, prennent leur place naturellement,

Il s'expanse sans crainte vers le ciel,

Il n'a demandé aucune autorisation d'exister, ni l'approbation de ses congénères pour perdre ses feuilles, se renouveler.

Certes il est dépendant de son environnement, alors il s'adapte, il n'a pas le choix. Quand son environnement est pauvre, alors il meurt. Il se peut même qu'il étouffe un congénère ! Lui-même dépendant de là où il se trouve.

Moi humaine j'ai le choix, à moi d'user de mon libre choix pour mon bien être, mon évolution, ma croissance. A moi d'en faire bon usage. Pour me nourrir.

Et c'est en me nourrissant que je fais de beaux fruits. Si je me contente de nourrir l'autre sans me nourrir, non seulement mes fruits sont moches mais en plus je stagne, et je meurs... à petit feu.

Le meilleur choix c'est l'évidence,

Je sais ce qui est bon pour moi indéniablement !

Alors pourquoi j'hésite ?

Et bien...parce que j'ai le choix.

Qui fait le meilleur choix ?

Qui prend les meilleures décisions ?

Ma personne, ma tête pensante, celle qui a peur de tout ou qui fait le choix de ne pas faire de choix ?

L'expérience de l'Amour

Ou mon cœur, celui qui sait, celui qui se moque des pensées, celui qui ressent, la joie, la vie, sans limite... avant que ne vienne la peur de la tête ?

Se choisir, le choix du cœur, de l'amour de soi, bien souvent, n'est pas celui qui nous est enseigné et pourtant, c'est le meilleur, quoi qu'il en coûte !

Mais d'abord l'effort du risque à l'abandon, avant la récompense... sinon à quoi bon !

Oui mais... bla bla bla....bla bla bla...bla bla bla...

Faire des erreurs, c'est apprendre !

Prendre des risques, oser, c'est avancer !

S'abandonner, c'est vivre !

...Et mourir c'est vivre aussi.

xxxx

Aujourd'hui je me choisis,
J'étais celle qui subissait,
Celle qui croyait qu'elle n'avait pas le droit d'exister.

J'étais le jouet des autres, ils me possédaient, j'étais les autres, j'étais fragile, je souffrais, je subissais, j'étais victime, j'étais coupable.

Je ne savais pas, on m'a fait croire, j'y ai cru, j'ai souffert. Merci pour la souffrance.

J'ai été triste, j'ai été en colère, je me suis pardonnée, j'ai accepté. Merci pour l'amour

Maintenant je sais, et je dis oui à la vie. Je me choisis. Merci d'exister.

Qui suis-je ?

Je suis celle qui créée à chaque instant.

Je vibre et tout s'anime.

En vibrant amour, tout s'ajuste et s'anime par amour.

Toutes les parts de moi qui ne s'aimaient pas petit à petit se dissipent, pour laisser place au rayonnement du soleil que je suis.

Je suis responsable de l'amour que je me porte, je suis responsable du désamour qui m'a construite. Je l'accepte.

J'ai dû avoir froid pour pouvoir apprécier la chaleur. Connaître le désarroi pour être en joie.

Je suis entière, je suis vivante, je suis qui j'ai envie d'être. Je ne veux plus me sacrifier. Aujourd'hui je veux m'offrir authentique. Je suis un vrai cadeau pour le monde d'une valeur inestimable.

Je fais le choix ferme et définitif aujourd'hui d'être non plus qui l'on veut que je sois mais qui je suis en étant qui je veux être sans retenue.

J'ouvre mon cœur à ma vérité et je laisse les élans de vie m'animer sans plus aucune retenue.

Je me libère maintenant du regard des autres.

Je me libère maintenant de ce qui n'est plus pour moi en me positionnant clairement sur ce que je ne veux plus, les abus, les manipulations, les mensonges, les influences, les méchancetés, les envahissements, les prises de pouvoir.

Je me libère du passé.

J'ouvre mon cœur à l'infini, sans limites. Conscience en mon cœur, confiance en la justesse de l'amour. Je regarde et j'accueille l'évidence.

Je suis libre d'être, d'exprimer ce que je veux être dans le monde. Je fais des choix avec la conscience de mon cœur, relié au discernement de ma tête, à travers les capacités qui animent mon corps.

Maintenant je renais à moi-même et j'autorise la vie, l'être, à œuvrer à travers moi, pour mon bien, et le bien de tous.

Je suis l'outil d'amour stable et sécure au service de la vie.

Gratitude, Gratitude, Gratitude d'exister.

Le mot de la fin

Ne te prends pas trop au sérieux, la vie est un jeu.

A chaque fois que tu mets du sérieux dans ta vie, cela crée un stress en toi. Le sérieux, c'est pour les aveugles et sourds, ceux qui croient être capables de prendre ton pouvoir ou d'octroyer le leur pour donner du sens à leur vie. Les sauveurs, les victimes, les bourreaux.

Ceux-là vivent dans un monde contraire, sans conscience, sans amour où tout est détourné pour servir leurs propres ombres. Ce sont les faiseurs de mal, des puits de souffrance, ils sont là pour alimenter l'ombre.

Bien que l'ombre existe et soit nécessaire dans ce monde duel, tu as le choix de ton camp.

Choix des histoires du mental, choix de la vérité du cœur. Ombre VS lumière.

Chaque phare qui illumine la terre, diffuse l'amour juste par sa présence divine. Son unique mission est de rayonner de sa lumière pure. La pureté de l'être amène la paix. Elle se situe dans ton cœur et tu peux la toucher de manière très concrète si tu le souhaites. Demande et tiens-toi prêt(e). Tu vas changer ta vie, tu vas vibrer amour et le diffuser autour de toi.

Par ta présence, certains s'éveilleront, d'autres pas prêts, seront éblouis, incapables d'ouvrir les yeux. Et tu brilleras encore plus fort avec les Lumières vives comme toi.

L'expérience de l'Amour

L'expérience de l'Amour

ophelieboumela.wixsite.com/website
ophelie.boumela@gmail.com

L'expérience de l'Amour